SALZBURG

von Roland Mischke

Roland Mischke, in Chemnitz geboren, studierte in Berlin Evangelische Theologie und Germanistik. Er arbeitete bei verschiedenen Tageszeitungen, unter anderem bei der FAZ, schrieb zwei Sachbücher und mehr als ein Dutzend Reiseführer. Nach 25 Jahren Zwischenstopp in Frankfurt am Main lebt er wieder in Berlin.

www.vistapoint.de

Inhalt

Top 10 & Mein Salzburg

Stadttour   mit Detailkarte

Streifzüge

Vista Points – Sehenswertes

Erleben & Genießen

Chronik

Service von A–Z

Zeichenerklärung

 Top 10
Das sollte man gesehen haben

 Mein Salzburg
Lieblingsplätze des Autors

 Vista Point
Museen, Galerien, Architektur und andere Sehenswürdigkeiten

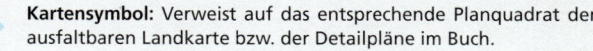 **Kartensymbol:** Verweist auf das entsprechende Planquadrat der ausfaltbaren Landkarte bzw. der Detailpläne im Buch.

Willkommen in Salzburg

Gerade mal 150 000 Einwohner zählt Salzburg, empfiehlt sich aber als Welthauptstadt der Musik – schließlich wurde hier Mozart geboren. Hier finden die anspruchsvollsten Festspiele statt, die Stars aus aller Welt, viel internationales Publikum und jede Menge Prominenz anlocken. Durch Mozarts Geburtshaus laufen jährlich eine halbe Million Menschen, besonders in der sommerlichen Festspielzeit ist die Stadt im Ausnahmezustand. Ja, in Salzburg dreht sich viel um die Musik.

Wer durch die Stadt spaziert, stellt fest, dass sie hochbarock, aber auch mittelalterlich geprägt ist. Die Salzburger leben ganz selbstverständlich in dieser über Jahrhunderte gebauten Geschichte zwischen Residenz und Dom, Mirabellgarten und Papagenoplatz und den beiden Stadthälften, getrennt von der Salzach, einem Wildwasser führenden Fluss. In einem Werbespruch wird Salzburg »Bühne der Welt« genannt, was zurückgeht auf den Theaterregisseur und Mitgründer der Salzburger Festspiele, Max Reinhardt. »Die Atmosphäre von

Blick vom Salzachufer auf die Salzburger Altstadt und die Festung Hohensalzburg

Salzburg ist durchdrungen von Schönheit, Spiel und Kunst«, sagte er. »Jeder Platz, jede Straße hier scheint von vornherein zum Schauplatz eines Spiels geschaffen zu sein.« Ja, Salzburg ist theatralisch.

Lange wurde die Stadt auch »Rom des Nordens« genannt. Erzbischöfe in hochgeschlossenen Soutanen, mit strengen Perücken und ihrer Würde bewusst, hatten das Sagen. Ihnen lag die Stadtentwicklung am Herzen, sie bauten ununterbrochen an einer repräsentativen Residenz. Reichtum und Macht der Salzburger Erzbischöfe haben zur Prachtentfaltung beigetragen und eine zeitlose Schönheit entstehen lassen. Die UNESCO hat die Altstadt in ihre Welterbeliste aufgenommen. Salzburg ist, wie der Schriftsteller Alfred Komarek schreibt, ein »gottgefälliges Kunstwerk«.

Ein Freilichtmuseum, aber auch eine moderne, lebensfreudige Stadt. In Salzburg kann man herumflanieren, man kann wunderbar shoppen und hat eine reiche Auswahl an gehobenen Restaurants. Museen und Hotels sind gut ausgestattet, die Infrastruktur ist nahezu perfekt und alles liegt nahe beieinander – Salzburg ist eine schöne Stadt.

Top 10: Das sollte man gesehen haben

1 **Schloss Mirabell und Mirabellgarten**
S. 9 f., 47 f. ➡ aA1
Mitten in der Stadt und doch eine stille Oase mit Skulpturen, Pflanzen und Blumen.

5 **Schloss Hellbrunn**
S. 26 f., 46, 73 ➡ R9
Wo es sich einst die Kirchenfürsten gut gehen ließen, lässt es sich heute gut spazieren und schauen.

 2 **Dom Hl. Rupert**
S. 10, 37 f. ➡ aC2
Das imposante Gebäude wurde nahezu komplett aus Materialien des Mönchsberg-Massivs erbaut.

6 **Museum der Moderne Mönchsberg**
S. 31 ➡ aB1
Der schönste Logenplatz über der Festspielstadt bietet einen gleichermaßen intimen wie großartigen Einblick.

 3 **Getreidegasse**
S.14 f., 43 ➡ aB1/2
Zeitweise unerträglich wegen der Menschen- und Kommerzdichte, aber auch mit viel historischer Authentizität.

 4 **Mozarts Wohnhaus**
S. 21, 30 f. ➡ aA2
Hier bekommt man eine gute Vorstellung davon, wie ein Wunderkind aufwuchs und sich sein Genie entfaltete.

 7 **Salzburg Museum**
S. 17, 33 f. ➡ aB2
Der Palazzo in der einstigen erzherzöglichen Strenge ist allein wegen seiner Prunkfassade eine Augenweide.

 **Kollegienkirche**
S. 40 ➡ aB1/2

Barockkirchen haben viele Städte. Aber so reinen Barock in solcher Fülle gibt es nur selten.

 Loretokirche
S. 40 ➡ aA2

Das eher unscheinbare Gotteshaus ist dennoch Salzburgs letzte Wallfahrtskirche und hat schon vielen bedrängten Menschen Rettung geboten.

⑩ Hangar 7
S. 43 f., 70 ➡ bA1

Symbol des modernen Salzburg und beliebter Verschiebebahnhof Einheimischer und Zugereister. Flugzeug-Oldtimer vom Feinsten. Von Red-Bull-Eigentümer Dieter Mateschitz.

Mein Salzburg
Lieblingsplätze des Autors

Liebe Leser,

dies sind einige besondere Plätze in der Stadt, an die ich immer wieder gern zurückkehre. Eine schöne Zeit in Salzburg wünscht Ihnen

Roland Mischke

 Georg-Trakl-Haus
S. 30 ➡ aB2

Ein schwermütiger Dichter schrieb in einer unglücklichen Zeit anrührende Gedichte – viele davon an diesem Ort.

 Nonntal
S. 44 ➡ L/M7/8

Eine wunderbare grüne Landschaft zum Spazieren und Meditieren.

 Augustiner Bräu
S. 56 ➡ I4

Trinken und Schmankerln probieren unter altehrwürdigen Kastanienbäumen.

 Salzach
S. 15, 24 ➡ J7

In der warmen Jahreszeit am Giselakai auf einer Bank oder im Ufergras sitzen.

 Café Bazar
S. 56 ➡ aB2

Das schönste Salzburger Café, auch wegen der hübschen Terrasse am Salzachufer.

Ein Rundgang durch Salzburg

Vormittag
Domplatz – Max-Reinhardt-Platz – Herbert-von-Karajan-Platz – Bürgerspitalgasse – Getreidegasse – Alter Markt – Waagplatz – Residenzplatz – Kapitelplatz.

Mittag
Stiftskeller St. Peter ⇒ aC2
St.-Peter-Bezirk 1/4, ℂ (06 62) 841 26 80, tägl. 11.30–14.30 und 18–22.45 Uhr.

Nachmittag
Kapitelschwemme – Stift St. Peter – Friedhof St. Peter – Stiftskirche – St. Peter – Festung Hohensalzburg.

Salzburg macht es seinen Besuchern leicht: Alle Sehenswürdigkeiten liegen auf engem Raum beieinander und sind bequem zu Fuß zu erreichen. Der Rundgang beginnt am **Domplatz** ⇒ aC2, einem geschlossenen Bauensemble mit aufstrebenden Gebäuden und barocken Bögen. Zur Festspielzeit wird der schöne Platz rund um die monumentale Mariensäule (1771) komplett mit Bänken zugestellt, vor dem Dom ist dann eine Bühne aufgebaut. Immer zu Beginn der Festspiele wird Hugo von Hofmannsthals »Jedermann« gegeben, der traditionelle Start in den Kultursommer. Der Platz ist von hoher Theatralik, er war immer eine Bühne und ist es noch.

Den Domplatz verdanken die Salzburger Erzbischof Wolf Dietrich von Raitenau, einem machtbewussten und aufgeschlossenen Kirchenmann. Er war zugleich eine schillernde Figur, getrieben davon, Salzburg zur repräsentativen Residenz für seinesgleichen auszubauen. Wolf Dietrich wurde 1559 als Sohn eines kaiserlichen Obristen und einer Nichte des Medici-Papstes Pius IV. am Bodensee geboren. Er lebte

Blick auf den Salzburger Dom und die Residenz, im Vordergrund das Mozart-Denkmal

Schloss Mirabell und Mirabellgarten

noch ganz im absolutistischen Stil der prunksüchtigen Renaissance, obwohl diese Epoche sich bereits ihrem Ende zuneigte. Bereits mit 16 Jahren wurde er Domherr, mit 28 war er Erzbischof. Als extravaganter Mann ritt er hoch zu Pferde in die Kirche ein, ließ Menschen gefangen nehmen und hinrichten, die sich ihm entgegenstellten, vertrieb Protestanten und nahm sich das Recht heraus, eine Geliebte zu haben. 20 Jahre lang war Salome Alt, die einer angesehenen Salzburger Familie entstammte und als schönstes Mädchen der Stadt galt, seine Mätresse. 15 Kinder hatte Wolf Dietrich mit ihr und als Zeichen seiner großen Liebe ließ er ❶ **Schloss Mirabell und den Park** für sie errichten.

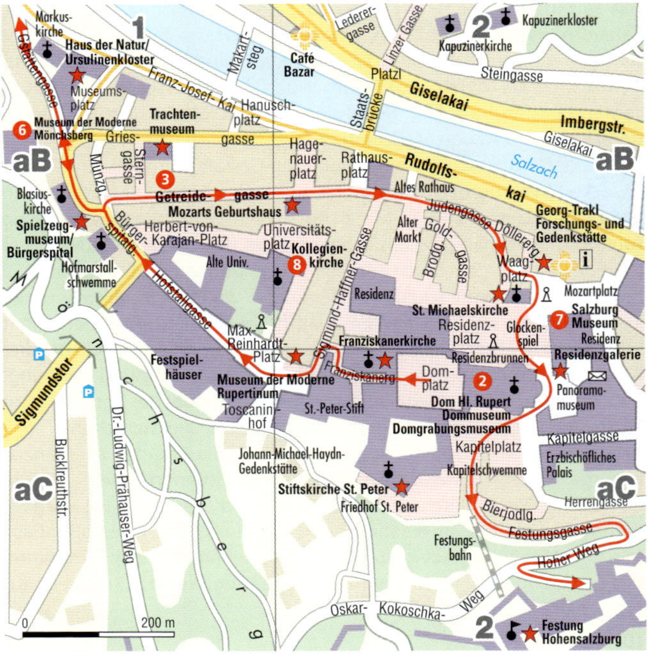

Die frühbarocke Fassade des Salzburger Doms

Trotzdem ist er die historische Figur, die Salzburg städtebaulich am meisten geprägt hat – bis heute.

Rund 60 Häuser kaufte Wolf Dietrich auf und ließ sie abreißen, um Plätze zu gestalten. Von dieser Platzstaffelung profitiert die Stadt bis heute, nichts gibt ihr mehr Charakter als diese offenen Räume. Als 1598 im Dom, der ältesten Bischofskirche Österreichs, ein Feuer ausbrach, kam das dem Gottesmann gelegen. »Brennet es, so lasset es brennen!«, soll er gerufen haben. Danach gab er einen neuen Dombau in Auftrag. Weil Wolf Dietrich aus Salzburg ein »Deutsches Rom« machen wollte, war der Petersdom das Vorbild. Der Bau ist mit Schaufassade, Türmen und einer Menge Figuren auf Balustrade und Giebel deutlich von italienischen Vorbildern inspiriert. 1611 wurde Dietrich im sogenannten Salzkrieg gestürzt, der bayerische Herzog Maximilian I. besetzte Salzburg, der Erzbischof floh, wurde aber gefasst. Ein Jahr lang hielt man ihn gefangen, bis er 1612 abdankte. Seine Mätresse wurde aus dem Schloss vertrieben. 1617 starb Wolf Dietrich, erschöpft nach fünf Jahren Festungshaft. Sein Nachfolger im Amt, Markus Sittikus, setzte den Dombau und den Stadtumbau fort.

Der **2 Dom** → aC2 in seiner heutigen Gestalt wurde als erste frühbarocke Kirche nördlich der Alpen von Santino Solari 1614–28 gebaut. Die beiden Türme sind 79 Meter hoch. Sein Vorgängerbau war eine fünfschiffige romanische Basilika vom Ende des 12. Jahrhunderts. Der heutige Bau war 1944 durch Bomben schwer getroffen worden, bis 1959 brauchte man, um die Schäden zu beseitigen. Vor der Portalfront wurden Kolossalfiguren aus hellem Marmor aufgerichtet: Petrus und Paulus mit Schlüssel und Schwert sowie die Landesherren Rupert und Virgil. Die drei gewaltigen Bronzetore tragen Symbole für Glaube, Liebe und Hoffnung, die Wappenschilde im Giebelaufsatz ehren die Erbauer des Doms, Markus Sittikus und Paris Lodron. In die Kirche passen 10 000 Menschen.

Gegenüber vom Dom führt ein Gang durch die Arkaden zur Franziskanergasse. Rechter Hand erhebt sich die **Franziskanerkirche** → aC2, die bis 1635 als Marienkirche die Hauptkirche der Stadt war. Ein Vorgängerbau stand bereits im 8. Jahrhundert an dieser Stelle. Ihre Außenhaut ist schlicht, aber innen zeigt das Gotteshaus architektonische Dramatik. Das beinah düstere, mystische romanische Langhaus (1223) schießt auf in einen lichten, dreischiffigen Hallenchor mit fünf schlanken, endlosen Säulen aus der Hochgotik (1408–60) und einem reich gegliederten Netzgewölbe. Der Hochaltar mit einer geschnitzten Madonna (1498) steht vor dem Hintergrund eines barocken Kapellenkranzes (1704). Die Franziskanerkirche ist die spannungsreichste Salzburgs. Verbunden ist sie durch einen Bogengang mit dem Franziskanerkloster, dessen Marmorportal ein Relief des heiligen Franziskus (1605) zeigt. Eindrucksvoll ist zudem die Steingussmadonna im Inneren (um 1410).

Hinter der Kirche liegt die **Sigmund-Haffner-Gasse** ➜ aB2. Sie trägt den Namen eines einstigen Bürgermeisters, der als reicher Kaufmann und Wohltäter im Haus Nr. 6 lebte. Ihm zu Ehren komponierte Mozart die »Haffner-Serenade«. Haus Nr. 16 ist der Langenhof, eines der wenigen Adelspalais in der Klerikerstadt. Im Haus Nr. 20 waren bis ins 20. Jahrhundert hinein die Domkapellknaben untergebracht, dort wurden sie auch unterrichtet.

Dann beginnt mit dem **Max-Reinhardt-Platz** ➜ aC1/2 der Festspielbezirk mit dem Fischmarktbrunnen. Dahinter befindet sich seit 2002 ein von Anselm Kiefer geschaffener Steinkubus, eine Hommage für die Dichterin Ingeborg Bachmann. Die Hofstallgasse ist die 225 Meter lange Paradestraße der Festspiel- und Glamourgesellschaft. Hier brauste Dirigent Herbert von Karajan einst im Porsche vor, werden Gäste in Limousinen oder mit dem Fiaker vorgefahren, wird vor den Premieren Champagner kredenzt und hocken Paparazzi auf Leitern, um den Auftrieb der Promis in teurem Outfit, in Smoking oder Nobeltracht abzulichten.

Die **Felsenreitschule** ➜ aC1 ließ Wolf Dietrich 1607 als Hofmarstall für seine Pferde errichten, später kamen Winter- und Sommerreitschule hinzu. 1693 wurden für Zuschauer drei Arkadengalerien aus den Felswänden des Mönchsbergs geschlagen. Der junge Mozart ergötzte sich hier noch an Zirkusvorstellungen und Feuerwerken. 1923 wurde die gedeckte Winterreitschule zum **Kleinen Festspielhaus** umgewidmet, sie erhielt einen Festsaal mit Mysterienbühne, die ebenfalls aus dem Fels gesprengt wurde. Hugo von Hofmannsthal weihte es 1925 mit seinem Stück »Das Salzburger große Welttheater« ein, auch Max Reinhardt brachte Vorführungen in das Haus, das seit 1970 endgültig

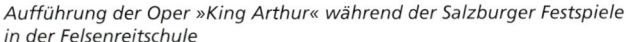

Aufführung der Oper »King Arthur« während der Salzburger Festspiele in der Felsenreitschule

Das Große Festspielhaus am Sigmundsplatz

wetterfest ist. Es hat 1324 Sitzplätze sowie 60 Stehplätze. Das **Große Festspielhaus** verfügt über 2179 Plätze; der Entwurf stammt vom Salzburger Architekten Clemens Hofmeister, der sein Werk 1960 vollendete. Ideengeber war Herbert von Karajan. 55 000 Quadratmeter Felsen mussten gesprengt werden, später dienten sie als Füllmaterial. Die auffällig gestaltete historische Fassade des Großen Festspielhauses am Sigmundsplatz gestaltete Johann Bernhard Fischer von Erlbach (1694).

Das **Sigmundstor** ➡ aB/aC1 – benannt nach einem der Salzburger Bischöfe – am Herbert-von-Karajan-Platz gehört zu den markantesten Bauwerken Salzburgs. Es ist der Anfang des Durchbruchs durch den Fels: Der Tunnel ist 123 Meter lang und zwölf Meter breit. Erzbischof Siegmund Graf von Schrattenbach hatte mit der kühnen Pionierleistung 1764 begonnen, zwei Jahre später war der Durchbruch durch den schmalsten Teil des Mönchsbergs geschafft, doch die endgültige Befestigung der Passage dauerte bis 1774. Die Brüder Hagenauer schufen die barocken Portale, eine Inschrift lautet »TE SAXA LOQUUNTUR« – »Von dir sprechen die Steine«. Das Sigmundstor ist bis heute am Mönchsberg die einzige Zu- und Ausfahrt in die Stadt, in den Fels wurde zudem eine riesige Parkgarage implantiert.

Die **Hofmarstallschwemme** ➡ aB1 (1695) neben dem Tor ist ein beliebtes Fotomotiv, sie verkleidet einen dahinterliegenden früheren Steinbruch. Bernhard Michael Mandl schuf die Rossebändigergruppe in barocker Manier, der Hofmaler Franz Anton Ebner die Bilder. Die

Die prunkvolle barocke Hofmarstallschwemme am Herbert-von-Karajan-Platz

Die Salzburger Festspiele – eine Erfolgsgeschichte mit Niederlagen

Der Erste Weltkrieg lag noch nicht lange zurück, die europäischen Zivilisationen waren schockiert über seine ungeahnten Grausamkeiten. Europa befand sich in einem Vakuum. Es musste etwas kommen, das dieses Vakuum positiv füllen konnte – eine neue Kulturoffensive. Der Komponist Max Reinhardt, der Schriftsteller Hugo von Hofmannsthal, der Komponist Richard Strauss, der Wiener Hofoperndirektor Franz Schalk und der Bühnenbildner Alfred Roller brüteten gemeinsam die Idee der Salzburger Fest-

»Jedermann mit dem Tod«: Salzburger Festspiele

spiele aus, die ein internationales Publikum im Kunstgenuss vereinen sollten. Eine grandiose Idee in dieser Zeit der Verwirrung.

1920 fanden die ersten Festspiele statt, unter der Regie von Reinhardt wurde auf dem Domplatz Hofmannsthals Schauspiel »Jedermann« aufgeführt, das seit dieser Zeit allsommerlich das Festival einleitet. Die Festspielpalette erweiterte man beinah von Jahr zu Jahr. 1921 gab es neben dem Schauspiel Kammer- und Orchesterkonzerte, 1922 wurden vier Opern von Mozart aufgeführt, 1925 einigte man sich auf ein inhaltliches Konzept.

Zunächst wurde die Hofstallkaserne als provisorisches Festspielhaus in Beschlag genommen, das Programm in einem Festspielalmanach präsentiert und es gab erste Rundfunkübertragungen. 1924 mussten die Festspiele ausfallen, weil sich keine Sponsoren fanden. 1926 kam als zweite Spielstätte die Felsenreitschule dazu, und Architekt Clemens Holzmeister begann das Festspielhaus umzubauen und modernen Bedingungen anzupassen.

Zur bedrohlichsten Krise der Veranstaltung kam es 1938 nach dem »Anschluss« Österreichs ans Deutsche Reich. Die Nazis erteilten viele Auftrittsverbote, Künstler boykottierten die Festspiele, viele gingen ins Exil. 1944 konnten sie nicht durchgeführt werden. Doch bereits 1945 fanden sie wieder statt, und von da an begann ihre Erfolgsgeschichte. Nahezu alle großen Künstler der Welt sind in Salzburg aufgetreten, geprägt wurden die Festspiele aber vor allem durch Herbert von Karajans musikalisches Engagement. Heute öffnet man sich in Salzburg neuen künstlerischen Strömungen und wieder verstärkt dem Sprechtheater, von den Bühnen der Stadt gehen nach wie vor viele Impulse aus. Wohl kein europäisches Festival ist populärer als die Salzburger Festspiele.

heitere Schwemme bildet einen merkwürdigen Kontrast zum düsteren, schluchtartigen Felsengestein. Sie war einst der Ort, an dem nach dem Ausritt die Pferde gereinigt wurden, bevor sie zurück in den Stall kamen. Die hohen Herren fanden es angemessen, ihre Rösser von Knechten in einer Schwemme mit Triumpharchitektur zum Glänzen zu bringen, denn Pferde waren nicht nur Nutztiere, sondern Insignien der Macht.

Die Bürgerspitalgasse hinunter gelangt man zum **Bürgerspital** ➜ aB1 (1327), das Erzbischof Friedrich III. von Leibnitz für Arme, Kranke und Sieche erbauen ließ. Der Arkadenhof (1556) ist eine Augenweide, ebenso der restaurierte Gotische Saal, der von innen besichtigt werden kann. Die heutige Version des Bürgerspitals stammt aus dem 16. Jahrhundert, die Straßenbebauung vom Ende des 18. Jahrhunderts. Gleich hinterm Spital steht die **Blasiuskirche** ➜ aB1 (1330–50) direkt an der steilen Felswand, die älteste gotische Hallenkirche Österreichs. Besonders beachtenswert im Kircheninnern ist das spätgotische Sakramentshäuschen (1481), das einen Reliquienschrein beherbergt und deshalb Pilger anzieht.

Geradeaus über Gstättengasse und Gstättentor mit Häusern, die bis in den Mönchsberg hinein gebaut wurden – 1669 ereignete sich hier durch einen Bergsturz eine Katastrophe, bei der mehr als 200 Menschen durch herabprasselndes Geröll zu Tode kamen –, geht es zum **Mönchsberglift** ➜ aB1. Die **Markuskirche** mit ihren üppigen Stuckaturen und das **Ursulinenkloster** (1699–1705) stammen von Fischer von Erbach. Das Kloster konzipierte er als Erziehungsanstalt für Mädchen.

Wir laufen einige Schritte zurück zum Bürgerspitalplatz, dort biegen wir in die ❸ **Getreidegasse** ➜ aB1/2 ein und sind nun an Salzburgs berühmtester Adresse. Die Fußgängerzone ist gesäumt von barocken Fassaden, doch viele Häuser dahinter sind viel älter: Manche sind bereits in der Gotik entstanden. Nahezu jede Fassade an der beliebten touristischen Flaniermeile ist ein Flächenschmuckstück, meist noch verziert von schmiedeeisernen oder güldenen Zunft- und Geschäftsschildern aus Vergangenheit und Gegenwart. Dazu gehört der »Goldene

Fassaden und Zunftschilder in der Getreidegasse

Herbert von Karajan

Der Maestro prägte Jahrzehnte lang das Musik- und Promileben der Stadt, er machte die Salzburger Festspiele zu jenem mondänen und künstlerisch hochrangigen Ereignis, das sie heute sind. Am 5. April 1908 als Heribert Ritter von Karajan in Salzburg geboren, studierte er am Mozarteum seiner Heimatstadt und an der Hochschule für Musik in Wien. Nach ersten Stationen als Kapellmeister in Ulm und Aachen erlangte er erstmals 1938 Berühmtheit durch spektakuläre Dirigiererfolge in Berlin, wo er Leiter der Berliner Staatskapelle war. Im Zweiten Weltkrieg versteckte er sich in Norditalien, um einer Einberufung zu entgehen. Nach dem Krieg begann seine steile Karriere, die ihn an die Mailänder Scala, die Wiener Staatsoper und andere große Konzerthäuser brachte.

Von 1960 bis zu seinem Tod arbeitete Karajan für die Salzburger Festspiele. 1967 gründete er zudem die Salzburger Osterfestspiele, für die er jedes Jahr mit den Berliner Philharmonikern eine Opernproduktion einspielte. Überhaupt verewigte der geschäftstüchtige Dirigent so viele Konzerte auf Schallplatte und CD wie kein Maestro vor ihm. Seine Tourneen führten ihn um die ganze Welt, er erhielt zahlreiche Auszeichnungen im In- und Ausland. Herbert von Karajan war der erste Dirigent, der es mithilfe der Medien zu Weltruhm brachte. Seinen adeligen Namen konnte er als einziger Österreicher beibehalten, indem er ihn kurzerhand zu seinem Künstlernamen erklärte. Der Lebemann, dreimal verheiratet, Vater von zwei Töchtern, hatte Interesse an schnellen Autos, besaß einen Pilotenschein und war der Liebling der High Society. Aus seinem arbeitsreichen Leben riss ihn 1989 ein Herzstillstand, in Anif bei Salzburg liegt er begraben.

Hirsch«, in dem zur Festspielzeit traditionell die Promis Hof halten. Gedenktafeln erinnern an berühmte Persönlichkeiten, wie Heinrich Ignaz Biber (1644–1704; Hofkapellmeister) oder Sigismund von Neukomm (Komponist, Organist und Dirigent im 19. Jahrhundert).

Viele Häuser haben prächtige Portale, durch die es in hübsche Innenhöfe geht. Die historischen Arkadenhöfe werden, wie überall in Österreich, Durchhäuser genannt. Früher war die Getreidegasse die Mittelachse, über die Verbindungen von der ✦ **Salzach** ➤ J7 zum Universitätsplatz führten. Hier trafen sich die Leute, hielten einen Schwatz und tauschten Neuigkeiten aus. Das ist bis heute so. Zu sehen sind Arkaden, Säulen und Pilaster, Skulpturen, Marmorreliefs und Stiegenaufgänge. Generationen haben an der Ausarbeitung der Durchhäuser gewerkelt. Das lag den Salzburgern am Herzen, vor allem jenen, die hier »Stockwerkseigentum« besaßen, eine Art Eigentumswohnung. Sie machten sich ihr Umfeld schön und gemütlich. Heute wohnen nur noch wenige Menschen in diesen Häusern, es dominieren Büro- und Verkaufsräume sowie Gastronomie.

An Nr. 9 kommt niemand vorbei, das ist das **Geburtshaus von Mozart** ➤ aB2, musealisiert. In diesem engen Bürgerhaus lebte die Familie bis 1773, das Genie entwickelte seine Hochbegabung in spartanischen Verhältnissen. Seine ausgestellte Kindergeige rührt Besucher stets aufs Neue.

Der **Alte Markt** ➤ aB2, ab 1240 bebaut, war über Jahrhunderte der zentrale Platz der Salzburger Bürger. Er ist klein, wirkt aber groß, wenn man bedenkt, dass er im Mittelalter entstand, in dem man keinen Raum zu verschenken hatte. Schön sind die pastellfarbenen, stuckierten Fassaden der schmalen Patrizierhäuser. Die meisten stammen aus dem 18. und 19. Jahrhundert. Mit dem **Florianibrunnen** mit seinem achtseitigen Marmorbecken (1687) und Rokokofigur darauf (1734), der **Fürsterzbischöflichen Hofapotheke** mit ihrem Rokoko-Interieur (1760) und dem **Café Tomaselli**, Österreichs ältestem Kaffeehaus, besitzt der Platz gleich mehrere Anziehungspunkte.

Haus Nr. 10a gilt als das kleinste Haus Salzburgs. Daneben erinnert eine Tafel am Torbogen an die Zeit, als hier Mozarts Witwe Constanze mit ihrem zweiten Mann, Georg Nikolaus von Nissen, wohnte. An der Ecke zur Brodgasse lockt die **Konditorei Fürst**. Hier wurden die Mozartkugeln erfunden, das wohl populärste Salzburg-Souvenir. Der Alte Markt ist Salzburgs heiterster Platz, der Platz der Bürger. Die größeren Plätze dienten hingegen der Zurschaustellung erzbischöflicher Macht.

Interessant ist auch die enge **Judengasse** ➜ aB2, die Verlängerung der Getreidegasse, eine krumme Häuserschlucht. Sie gehört zu den authentischsten Straßen Salzburgs. An ihr lässt sich noch gut das mittelalterliche Bauraster studieren. Die jüdische Gemeinde unterhielt hier ihre Synagoge (Nr. 15, heute Hotel Altstadt) und die Schule. Fürchterliche Szenen haben sich in dieser Gasse abgespielt, als die Juden während der Pestepidemie zu Sündenböcken erklärt wurden oder als angebliche Brunnenvergifter und Hostienschänder auf Scheiterhaufen verbrannten. Wie überall in Europa waren auch in Salzburg Juden eine isolierte Minderheit, von der man zwar im Handel, Finanzwesen und Gelehrtentum zu profitieren verstand, die aber gesellschaftlich ausgegrenzt blieb. Sie kompensierte das unter anderem durch ambitionierte Baukunst, die sich in Häuser mit prunkvollen Schaufassaden wie dem schönsten Jugendstilhaus Salzburgs (Nr. 3) und dem Gasthaus zum Mohren, in dem die Familie Mozart Stammgast war, widerspiegelt.

Der **Waagplatz** ➜ aB2 mit seinen unregelmäßigen Maßen verdankt seinen Namen der Waage, die im 17. Jahrhundert im Haus Nr. 3 Waren und Getreide wog. Schon 996 erwähnt eine Chronik den Platz als Hauptplatz mit Getreidespeicher, Gerichtshaus (Nr. 1), Pranger und Galgen. Bis zum 13. Jahrhundert trafen sich hier die Bürger. Der Platz war kein Ort der Repräsentation, sondern alltäglicher Begegnungen, wie sich den Beschreibungen Hans Sachs' und Matthias Merians entnehmen lässt.

Im Haus Getreidegasse Nr. 9 kam Mozart zur Welt

Auf dem anschließenden **Mozartplatz** ➜ aB2 steht das bronzene Denkmal des Komponisten, ein Werk von Ludwig von Schwanthaler (1842) aus München. Zum 250. Geburtstag Mozarts wurde es erneuert. In der Häuserzeile davor befindet sich auch das **Antretterhaus** (Nr. 4), auffällig durch seine Fassadenpracht mit dem schönen Portal. Die Familien Antretter und Mozart waren befreundet, der junge Wolfgang Amadeus wurde von den Patriziern gefördert.

Der nun folgende **Residenzplatz** ➜ aB2 repräsentiert die Fürstenstadt, wo in absolutistischer Zeit die Herrschenden ihre Macht zur Schau stellten. Erzbischof Wolf

Dietrich, der radikale Stadtumbauer, ließ 55 Häuser abreißen, um ausreichend Raum zu schaffen für die von ihm bevorzugten militärischen Defilees und höfischen Festzüge, bei denen das Volk die Kleidereleganz der Oberschicht bewunderte, wie es das heute bei der Festspiel-Prominenz tut. Inzwischen ist der Residenzplatz »verbürgerlicht«: Ein Teil des Weihnachtsmarktes ist hier ansässig, und am Abend vor der Eröffnung der Festspiele schauen sich Österreichs Staatspräsident, Regierungsmitglieder und die Bevölkerung den von jungen Paaren in Tracht vorgeführten feierlichen Fackeltanz an.

Das Mozart-Denkmal von Ludwig von Schwanthaler auf dem Mozartplatz

Der **Residenzbrunnen** ➜ aB/aC2 (1561) ist mit 14 Metern Höhe der größte Barockbrunnen auf der nördlichen Alpenseite, errichtet aus Untersberger Marmor. Die frühbarocke Fantasie vereint Rösser, Titanen, Delfine, zwei Wasserschalen und den Meeresgott Triton. Zu hören ist auch das **Salzburger Glockenspiel** ➜ aB2, untergebracht in einem Turm (1588), der für den Einbau der aus Antwerpen stammenden Glocken auf 32 Meter erhöht wurde (1701). Wer genau zuhört, vernimmt Dissonanzen, weil die Handwerker, die das Glockenspiel seinerzeit in Gang brachten, eine nicht ganz passende Walze und drei gleich große Anschlaghämmer einbauten. Die Salzburger nehmen es gelassen.

Begrenzt wird der Platz von der mächtigen Längsseite des Doms und der **Michaelskirche** ➜ aB2 (1770), die nach dem Abbrennen der ersten Franziskanerkirche (1167) auf deren Fundamenten erbaut worden war. Die auffälligsten Gebäude sind aber das unter Wolf Dietrich entstandene Residenz-Neugebäude – später und bis heute Neue Residenz genannt – und der weitläufige Komplex der **Residenz**, die über Jahrhunderte das Machtzentrum von Stadt und Umland war.

Die Residenz ➜ aB2 ist die einstige Palastanlage der Erzbischöfe und mit 180 Sälen und Räumen um drei Höfe gruppiert. Schon um 1120 gab es einen Vorgängerbau, doch der jetzt zu sehende ist das Ergebnis zahlreicher An- und Umbauten zwischen 1619 und 1653 und demonstriert damit die kontinuierliche Machtzunahme der frommen Herren, die in Salzburg lange das Sagen hatten. Wolf Dietrich wütete hier in seiner Amtsperiode, die Residenz war ihm nicht repräsentativ genug und italienisiert musste sie auch sein. Er befahl den Bau des Südtrakts, der Verbindung zur Franziskanerkirche, und den drei Flügeln um den als Lustgarten entworfenen Hof, auch Dietrichsruh genannt. Der Bau des Haupttrakts (1660) der Residenz begann unter Markus Sittikus und endete unter Paris Lodron. Erzbischof Hieronymus Colloredo schließlich, der letzte seiner Art, ließ den Toskanatrakt bauen. Bis 1813 herrschten in der Residenz die Erzbischöfe, danach war sie bis 1918 kaiserliche Residenz.

Die **Neue Residenz** ➜ aB/aC2 (ursprünglich: Residenz-Neugebäude, 1602) stammt ebenfalls von Wolf Dietrich, ein Vier-Flügel-Bauwerk, das einen Hof einfasst. Bis 2006 ein Gebäude für Verwaltung und Ordnungsamt, seit 2007 beherbergt es das neue **Salzburg Museum Carolino Augusteum**. Im Hof ist das Sattler-Panorama zu besichtigen, das zuvor im Schloss

Mirabell, danach im Café Winkler auf dem Mönchsberg und zuletzt im Postamt am Residenzplatz untergebracht war. 2005 wurde es umfänglich restauriert. Das 26 Meter lange und sechs Meter hohe kolossale Gemälde stellt eine detailgetreue Stadtansicht von 1825 dar. Der Malerarchitekt Michael Sattler reiste einst mit dem von ihm geschaffenen Modell zehn Jahre lang durch Europa und stellte es gegen Entgelt zur Schau.

Noch einmal über den Domplatz – oder den Dom von hinten umrundend – begeben wir uns zum unregelmäßig geformten **Kapitelplatz** ➡ aC2. Dabei passieren wir den »Stiftskeller St. Peter« in der Südostecke des Klosterhofs, vermutlich das älteste Wirtshaus Salzburgs. Im Jahr 803 speiste hier Kaiser Karl der Große, auch Mozart soll sich in diesem Lokal an deftiger Hausmannskost gelabt haben. Das Restaurant bietet das »Mozart Dinner Concert«, bei dem die Gäste kulinarisch wie musikalisch in vergangene Zeiten versetzt werden. Zwischen Zimtsuppe, Maishendlbrust in der Bertramsoss mit Erdäpfelkrapferl und Waldhonigparfait – alles, wie Wolfgang Amadeus es gern gegessen haben soll – erklingen Melodien des Meisters aus »Don Giovanni«, »Figaro«, der »Zauberflöte« und der »Kleinen Nachtmusik«. Die Leute speisen und lauschen mit Andachtsmienen. Der leicht erhöhte »Stieglkeller« daneben ist rustikal gehalten und einer der schönsten Biergärten Salzburgs, zudem mit gutem Ausblick auf die Altstadt.

Zwischen zwei Weidebäumen an der Südseite des Doms steht die **Kapitelschwemme** ➡ aC2, auch sie einst ein Ort, an dem die Pferde gereinigt und gestriegelt wurden. Im Mittelalter gab es hier bereits einen »Rosstümpel«. Im Zuge der Stadtverschönerung wurde daraus eine Schwemme mit repräsentativ rahmender Architektur, geschaffen vom Bildhauer Joseph Anton Pfaffinger (1732). Auftraggeber des Kunstwerks für banale Zwecke war Fürsterzbischof Leopold Anton Firmian, der die Schwemme nach Fertigstellung dem Kaiser zeigte mit der Erklärung, »es steckhet ja alle salzburgerische Hoffart in diesen Pferten«. So vermerkt es das Protokoll. Auf der Ostseite des Platzes befindet sich das **Erzbischöfliche Palais** ➡ aC2 aus dem 17. Jahrhundert, das durch die Zusammenlegung zweier Kanonikalhöfe entstand und in dem seit 1864 die Salzburger Bischöfe residieren.

An der Westseite des Kapitelplatzes liegt das **Stift St. Peter** ➡ aC2. Es wurde um 690 vom heiligen Rupert gegründet, Benediktiner führen es bis heute. Bis 1110 war es Wohnsitz der Erzbischöfe. Die meisten der heutigen Gebäude stammen jedoch aus dem 18. und 19. Jahrhundert. Der weitläufige Klosterbezirk umschließt drei Innenhöfe. Einer davon, der an die Kirche angrenzende Hof, ist für die Öffentlichkeit nicht zugänglich; es handelt sich um die Klausur der Mönche. Im Zentrum liegt der Äußere Stiftshof mit dem sechseckigen Petrusbrunnen (1673). Der westliche Durchgang führt in den dritten Hof mit dem von Peter Berens entworfenen Benediktinerkolleg (1926). Die Fassadenfresken stammen von Anton Faistauer, das Holzkruzifix von Jakob Adlhart.

In den Räumen zwischen den zugänglichen Höfen ist eine Gedenkstätte für Johann Michael Haydn, den Bruder von Joseph Haydn, untergebracht. Er lebte als Hof- und Domorganist und Nachfolger Mozarts ab 1763 in der Stadt. Hier werden von Juli bis September täglich außer mittwochs um 17 Uhr die populären 5-Uhr-Konzerte junger Künstler aufgeführt. Gespielt wird alte Musik auf historischen Instrumenten.

Der **Friedhof St. Peter** ➡ aC2 im Schatten einer steilen Felswand des Mönchsbergs versammelt Familiengräber angesehener Salzburger Clans und in den Felsen gehauene Katakomben. Darunter die Gräber von Nannerl, der Schwester Mozarts, und Michael Haydn. Die Arkaden auf drei Seiten entstanden 1627, auch die Gertrauden- und die Maximuskapelle sind aus dieser Zeit. Aber die Grablegestätte soll bereits frühchristlichen Ursprungs sein, ein genaues Datum haben Historiker noch nicht ermittelt. Der Friedhof hat eine ganz besondere Atmosphäre und findet viel Zuspruch von Besuchern. Georg Trakl beschrieb ihn treffend: »Ringsum ist Felseneinsamkeit,/ Des Todes bleiche Blumen schauern/ Auf Gräbern, die im Dunkel trauern/ Doch diese Trauer hat kein Leid./ Der Himmel lächelt still herab/ In diesem traumverschloss'nen Garten,/ Wo stille Pilger seiner warten.«

Auch die **Stiftskirche St. Peter** ➔ aC2 ist alt, sie entstand 1130–43. Zu Beginn des 17. Jahrhunderts wurde sie erweitert, bis 1777 im Rokokostil umgeformt und mit Turmhauben versehen. Die Besucher stoßen in der Turmvorhalle auf das romanische Westportal (1240) mit Skulpturen im Bogenfeld, aber auch auf eine erlesene Rokokotür (1768).

Wer einen grandiosen Blick auf die glänzende Dächerlandschaft Salzburgs haben will, muss hinauf nach **Hohensalzburg** ➔ aC2. Wer zudem noch gut zu Fuß ist, kann hinaufsteigen zur **Festung**, die 120 Meter über der Altstadt liegt. Über Jahrhunderte sind Menschen zu Fuß hinaufgegangen, heute führt der Weg vom Kapitelplatz über die Festungsgasse oder vom Mönchsberg durch das Schartentor. Der Aufstieg staffelt ständig neue Bilder vor das Auge des Betrachters. Es gibt allerdings auch eine Alternative: Mit der Standseilbahn (1892, der ältesten Österreichs) ist man von der Festungsgasse in zwei Minuten oben. Von der Festung aus tut sich ein Panoramablick auf. Der Besucher erkennt, dass Salzburg vom Kranz der Gebirge malerisch umschlossen ist. Die Alpen haben aber nichts Bedrohliches, sie lassen der Stadt genügend Raum.

1077 begannen unter Erzbischof Gebhard die Burgarbeiten, der Berg war als letzter Rückzugsort für die geistliche Elite im Falle von feindlichen Angriffen gedacht. In ihrer heutigen Art wurde die Festung um 1500 durch Erzbischof Leonhard von Keutschach geschaffen, der Ausbau währte bis 1681. Nur ein einziges Mal wurde die Festung belagert, 1525 durch aufständische Bauern, die gegen hohe Abgaben protestierten. Sie zogen erfolglos wieder ab. Im Innern gleicht Hohensalzburg einer Stadt in der Stadt – wehrhaft und mit perfekter Infrastruktur. Es fehlen weder Brunnen noch Kirche oder Schulhaus. Während des Dreißigjährigen Krieges wurde die Festung zur modernsten Europas ausgebaut, die Söldner machten aber gnädig einen Bogen um die Stadt. Später war sie mal Kaserne, mal Gefängnis. Seit 1953 begegnen sich in den Sommermonaten Kunstfreunde aus aller Welt zur Internationalen Sommerakademie. Nicht alle Salzburger mögen die Festung, sie steht nicht für die bürgerliche Geschichte der Stadt. Aber auch sie sind, wie die Zugereisten, beeindruckt davon, wie sie alles überragt und schon von weitem als Wahrzeichen Salzburgs zu sehen ist. ■

Der Friedhof St. Peter gehört zu den schönsten Friedhöfen der Welt

Die wirklichen Mozart-Orte in seiner Geburtsstadt

Leopold, Wolfgang Amadeus und Nannerl Mozart auf einem Gemälde von 1850

Touristenführer erzählen manchmal viel. Aber nicht immer zeigen sie die Gassen und Häuser, an denen der junge Mozart nachweislich war. Die Getreidegasse 9 natürlich, zu der führen sie. Das ist das **Geburtshaus** von Wolfgang Amadeus ➡ aB2, hier erblickte er am 27. Januar 1756 das Licht der Welt als letztes Kind des Hofmusikers Leopold Mozart und seiner Gemahlin Anna Maria. An Mozarts Kindergeige, dem Clavichord und seinem Hammerklavier im dritten Stock des Hauses führt kein Weg vorbei. Von den sieben Kindern der Mozarts überlebten nur zwei: Wolferl und Nannerl (Maria Anna). Die erste Konzertreise trat Mozart mit sechs Jahren an, in Begleitung seiner Schwester und unter der Obhut des Vaters fuhr er drei Jahre lang durch halb Europa. Zurückgekehrt schuf er mit acht Jahren seine erste Sinfonie, mit neun die erste Oper. Ein Wunderkind.

Er war oft beim »Zirkelwirt« am **Papageno-Platz** ➡ aB/aC3, dem Treffpunkt der Freimaurer. Über dem kleinen Brunnen schwebt eine Papageno-Figur. Am heutigen Mozartplatz 4 wohnte die Familie Antretter, die Mozarts gingen dort ein und aus, Wolferl gab Kostproben seines Könnens und schnupperte ins großbürgerliche Leben. Fassade, Portal und Hof sehen noch so aus wie zu seiner Zeit.

Am **Mozartplatz 2** ➡ aB2 war Mozarts Stammlokal, heute gehört das Haus einer Versicherung. Auch im Wirtshaus »Zum Mohren«, Judengasse 9, wo einige der 626 Werke aus seinem Verzeichnis entstanden, saß er gern. Der Halbwüchsige wagte sich auch in die Trinkstube am Waagplatz. Im zweiten Stock befand sich ein Tanzsaal – der junge Musiker hat einige Zeit lang Tanzmusik komponiert. Für durchreisende italienische Opernleute verfasste er »Einlegearien«, die als Zwischenspiele in Opern eingeschoben wurden.

Am Brunnen am **Alten Markt** ➡ aB2, gleich um die Ecke vom Geburtshaus, holte Mozarts Mutter Wasser für die Familie, und durch die flussseitige Gasse lief sie am Morgen mit dem von der Familie gefüllten Nachttopf zur Salzach, um ihn auszuleeren. Am Alten Markt 3 wohnte Ignatz Anton Weiser, ein Dichter und Förderer des Komponisten. Die Einrichtung in der Apotheke im Erdgeschoss hat auch Mozart gesehen. Im Café Tomaselli gegenüber, 1703 eröffnet und Österreichs ältestes Kaffeehaus, trank das Genie Schokolade, um seine Blutgefäße zu stärken, und Mandelmilch gegen Hämorrhoiden, ein wegen der kalten Wohnungen weitverbreitetes Leiden. Dazu las er Zeitung. Das tun die Gäste bis heute, aber inzwischen hängen sehr viel mehr Blätter an Bügeln. Am Kaffee im Tomaselli hatte Mozart viel zu mäkeln, damals wurde er noch nach türkischer Art stark mit Gewürzen gemischt und mit Bodensatz serviert. Den Eigentümer nannte er den »Patron des brennsuppenCòffè, der schimmlichten Limonade, der Mandl=milch ohne mandeln, und insonderheitlich des Erd=beer gefrornen voll eys=brocken«.

Mozart-Scherenschnitt

1773 siedelten die Mozarts aufs andere Salzachufer über, in das ④ **Wohnhaus** ➔ aA2 am Makartplatz 8, damals Hannibalplatz. Die Familie entkam nicht nur einer bedrängten Raumsituation, sondern folgte auch einem Gesetz des Landesherrn. Es verbot, dass Personen unterschiedlichen Geschlechts – sofern sie nicht verheiratet waren – ab einem gewissen Alter im selben Zimmer schliefen, Geschwister nicht

Original Salzburger Mozartkugel

1884 kam der Konditormeister Paul Fürst nach Salzburg und eröffnete ein Geschäft in der Brodgasse 13. Neun Jahre später stellte er das »Mozartbonbon« vor, aus dem später die Mozartkugel wurde, die noch heute nach dem gleichen Rezept und auf die gleiche Art manuell hergestellt wird.

Eine Kugel aus mit Nougat umhülltem, grünem Pistazien-Marzipan wird auf ein Holzstäbchen gesteckt und in dunkle Kuvertüre getaucht. Das Stäbchen wird auf eine Plattform gestellt und nach dem Abkühlen entfernt. Das verbleibende kleine Loch wird mit Kuvertüre gefüllt und die Kugel per Hand mit blausilberner Folie mit Mozarts Porträt umwickelt. 1,4 Millionen Mozartkugeln werden pro Jahr von Hand gefertigt.

Die Konditorei Fürst verkauft ihre Original Salzburger Mozartkugeln heute in vier Geschäften in Salzburg: am Alten Markt, im Ritzerbogen in der Sigmund-Haffner-Gasse, in der Getreidegasse sowie in der Nähe von Schloss Mirabell, außerdem im Direktversand, aber nicht im sonstigen Handel.

Bei einem Test verschiedener Mozartkugeln durch das Magazin »Der Feinschmecker« landete die Original Salzburger Mozartkugel der Konditorei Fürst auf dem ersten Platz.

Ein Blick in die Backstube der Konditorei Fürst im Jahr 1905

Tanzmeistersaal im Mozart-Wohnhaus am Makartplatz

ausgenommen. Besucher betreten heute das einstige »Tanzmeister-haus«, in dem jungen Adeligen Etikette und Hofzeremoniell beige-bracht worden waren, und befinden sich sofort im geistigen Kosmos Mozarts. Hier schrieb er seine Violin- und die ersten eigenständigen Klavierkonzerte, Serenaden, Sinfonien und die wichtigsten Messen. Insgesamt entstanden an die 350 seiner schönsten Kompositionen in Salzburg. Im Garten erheiterte er sich mit seinem Vater und Gästen am Bölzlschießen mit Windbüchsen auf bemalte Holzscheiben. Mozart soll hier glücklich gewesen sein.

1781 kam es zum Bruch mit dem autoritären Fürsterzbischof Hiero-nymus Graf Colloredo, dem Mozart als Hoforganist diente. Er verließ die Stadt und ging als freischaffender Künstler nach Wien. Seinen Le-bensunterhalt bestritt er dort vor allem als Komponist von Opern. Zehn Jahre später, 1791, starb Mozart im Alter von 35 Jahren vermutlich an einer Vergiftung.

The Sound of Music Tour

Nicht alle Besucher Salzburgs kommen wegen Mozart. Für Menschen aus englischsprachigen Ländern heißt die Faszination »The Sound of Music«, eine große Liebesgeschichte. So lautet der Titel eines Hollywood-Films, 1965 mit Julie Andrews in der Hauptrolle gedreht, der fünf Oscars kas-sierte und zu den meistgesehenen Filmen der Welt gehört. Das bereits 1959 uraufgeführte gleichnamige Musical lief an den Bühnen des New Yorker Broadway und nach einer Neubearbeitung von Andrew Lloyd Webber jetzt wieder in London. Es ist die Geschichte einer Salzburger Familie, den Trapps, die auf wahren Begebenheiten basiert.

Die junge Maria von Kutschera war Anfang der dreißiger Jahre des 20. Jahrhunderts Novizin im Benediktinerkloster Nonnberg, als ihre

Äbtissin sie zu dem verwitweten Baron Georg Ritter von Trapp schickte. Sie sollte dem Witwer helfen, seine sieben Kinder zu versorgen. Als beide sich das erste Mal in die Augen schauten, war es vorbei mit Marias geistlicher Laufbahn. Bald darauf wird sie die Frau des Barons, der sich als einstiger Admiral in der Habsburger Zeit Verdienste um Österreich erworben hatte. Maria ist erfüllt von Liebe zur Musik und gründet einen Familienchor, mit dem sie in Österreich zahlreiche umjubelte Konzertauftritte absolviert. Niemand sonst konnte das »Edelweißlied« so emotional zu Gehör bringen.

Bekannt wurde die singende Familie aber erst wirklich, als sie nach der Besetzung Österreichs durch die Nazis nach Amerika emigrieren musste – der Baron war Hitlergegner. Dort stirbt das Familienoberhaupt wenige Jahre später, aber die tapfere Gattin macht sich mit größtem Erfolg an die Vermarktung der Familiengeschichte. Jahrelang tingelten die Trapps durch US-amerikanische Städte und brachten mit ihrem herzerweichenden Gesang ihre Zuhörer zum Schmelzen. Irgendwann wurde Hollywood auf sie aufmerksam. Der Rest ist Legende, der Kitsch wird grenzenlos geliebt.

Die Tour auf den Spuren der Trapp-Familie ist buchbar, sie findet täglich mehrmals statt (Salzburg Panorama Tours, Busterminal am **Mirabellplatz** und der **St. Andrä-Kirche** ➜ aA1/2, ℂ 06 62-883 21 10, www.panoramatours.com, Ticket € 40/20). Besucht werden die Schauplätze des Films, die Felsenreitschule (»Edelweißlied«), der Friedhof St. Peter (hier wurden die dramatischen Fluchtszenen der Emigrierenden gedreht), Schloss Leopoldskron (Maria und der Baron stehen auf dem Balkon), Schloss Frohnburg (Hof und Vorderfront dienten als Kulisse) und der Sound-of-Music-Pavillon im Park Hellbrunn (mehrere berühmte Szenen). Weitere Szenen wurden außerhalb der Stadt gedreht, in Anif, Mondsee, Fuschl, St. Gilgen und St. Wolfgang. Auch diese Orte werden auf der Tour besucht.

Der »Sound of Music«-Pavillon im Schlosspark Hellbrunn

Rundwanderung um Salzburg

»Die schöne Stadt« nannte Stefan Zweig Salzburg. Erich Fried schränkte ein – mit Blick auf manche Stadtbewohner und die mondäne Festspielgemeinde – »Schönheit, von Unerträglichkeit bewohnt«. Während der Ire James Joyce ganz sicher war: »It must be easily the finest town of its size in Europe«. Wer sich auf die Höhen rund um Salzburg begibt, kann sich eine eigene Meinung bilden. Von dort ergeben sich immer neue Blickwinkel.

Am **Toscanini-Hof** ➡ aC1 ragt das mächtige stählerne Bühnentor auf, durch das schwere Lasten ins Festspielhaus transportiert werden. Dort beginnt die Clemens-Holzmeister-Stiege, der Aufstieg zum Mönchsberg (ca. 170 Höhenmeter). Für Georg Trakl, Stefan Zweig, Thomas Bernhard und Peter Handke, der einst in Salzburg studierte, war das der Lieblingsspaziergang, zu dem man ein wenig Kondition braucht. Über Treppen und Stufenwege – bestes Cardio-Training – bis zum Geländer oben. Der Blick zurück hat den Ausdruck »grandios« verdient. Zu Füßen der Besucher erstreckt sich das Labyrinth ineinander verschachtelter Dächer, eine Spielzeuglandschaft verschlungener Gassen, aus Kuppeln und Kirchen, Bürgerhäusern, Palais und Brücken. Ein flirrendes barockes Theater, von der Sonne zum Glänzen gebracht. Gerahmt von der Kulisse näher rückender Berge, vom Fluss, dem Grün der Wälder und dem blauen Himmel über allem.

Nun beginnt ein Spaziergang unter uraltem Baumbestand, Linden, Buchen und Eichen, bis zum Einschnitt über dem **Sigmundstor** ➡ aB/aC1. Im Gegensatz zum Kalkgestein des Festungsbergs und des Kapuzinerbergs besteht der Mönchsberg aus Konglomeratgestein, einem verfestigten Flussschotter mit eingewachsenen Sandlagen. Dieses im ganzen Salzburger Becken verbreitete Gestein entstand, als vor Jahrmillionen der Salzachgletscher abschmolz und sich kleine Schmelzwasserseen bildeten. Rinnbäche lagerten darin ihre Schuttfracht ab. Nach dem vollständigen Abschmelzen blieben mit Kalk verfestigte Schutthaufen als Inselberge zurück und erhielten durch die ✛ **Salzach** ➡ J7, die sich zwischen ihnen ihr Flussbett grub, ihre heutige Form.

Blick auf das Salzburger Umland von der Festung Hohensalzburg

Das leicht zu gewinnende Baumaterial wurde bereits in der Römerzeit abgebaut zum Errichten von Häusern, Kirchen und Wehranlagen. Fassaden aus Konglomeratgestein bestimmen das Bild der Stadt, geschlämmt in bunten Farben. Vom Mönchsberg aus wurde Salzburg bewacht, hier stand seit dem 13. Jahrhundert ein mit fünf Türmen verstärkter Wehrbau, die Bürgerwehr. Die älteste Wehranlage Salzburgs ist fast vollständig erhalten.

Der Blick vom Einschnitt am Sigmundstor ist idyllisch, aber so war es nicht immer. Deshalb wurde 1574 der weltweit einzigartige Beruf des Bergputzers erfunden. Eine halsbrecherische Arbeit an den

Das Johanneskirchlein an der Imbergstiege auf den Kapuzinerberg

steil abfallenden Wänden des Mönchbergs, geleistet von mutigen Salinenknechten aus dem nahen Hallein. Sie befreiten die Flanken der Stadtberge auf einer Fläche von 27 Hektar vom lockeren Gestein und felsbrechenden Brocken. Eine Arbeit in ständiger Lebensgefahr, die unerlässlich war, nachdem Steinschlag und Bergstürze mehrfach die Altstadt beschädigt und mehr als 200 Tote gefordert hatten. Heute sind die Flanken des Mönchbergs von dichten Stahlnetzen gegürtet.

Der andere Salzburger Hausberg, der Kapuzinerberg, ist nur per pedes zu besteigen. Von dort schweift der Blick grenzenlos über die Schneegipfel der Berchtesgadener Kalkalpen und den Untersberg (1853 m), ein Kranz der schönsten Gebirge in der Mitte Österreichs. Es gibt neben malerischen Aussichtspunkten (Bayerische Aussicht, Stadtaussicht) auch einen aufschlussreichen Naturlehrpfad. In einer Felsnische hockt die Barockkirche **St. Johann am Imberg** (1319) → aA2, die Erzbischof Max Gandolf 1681 neu bauen und erweitern ließ. Die heutige Ausstattung stammt aus dem 18. Jahrhundert.

Im Paschingerschlössl, Kapuzinerberg 5, lebte von 1918 bis zu seiner Flucht vor den Nazis im Jahr 1938 der Schriftsteller Stefan Zweig. Er empfing illustre Gäste wie Thomas Mann, James Joyce, Herbert George Wells und Maurice Ravel. In der Emigration blickte Zweig mit Wehmut auf seine Jahre in dieser Villa zurück, 1942 nahm er sich in Brasilien das Leben. Von der Steingasse und der Linzer Gasse geht es über Stufen hinauf und an spätbarocken Kreuzwegstationen vorbei zum **Kapuzinerkloster** (1602) → aB2. Die geschnitzten gotischen Eichentüren des Kirchenportals sind identisch mit jenen des romanischen Doms.

Schloss und Park Hellbrunn

Wer sich etwas Gutes tun will, kann aus dem Zentrum Salzburgs in etwa einer Stunde nach **⑤ Hellbrunn** ➡ R9 laufen – vom **Freisaalweg** ➡ L7/8 aus ist die schnurgerade verlaufende **Hellbrunner Allee** ➡ M8–R9 mit ihren uralten Bäumen, deren Laubwerk sich teilweise verschränkt, für den Autoverkehr gesperrt. Endpunkt der Allee ist das gleichnamige Lustschloss, umgeben von einer entzückenden Parkanlage. Doch schon auf dem Weg dahin wird es feudal: Man kommt vorbei an den Schlössern des Salzburger Adels. Die Parade höfischer Bauten beginnt mit dem **Wasserschloss Freisaal** (Freisaalweg 12) ➡ L/M8, ein seit dem 14. Jahrhundert mehrfach umgebautes Schloss, dessen Name ursprünglich »Freudensaal« war. Es war Erzbischof Pilgrim II., der hier seine Freuden fand. **Schloss Frohnburg** ist ein schlichter Barockbau der Grafen Kuenburg (Hellbrunner Allee 53), 1672 errichtet und heute Studentenwohnheim. Die **Schlösschen Emsburg** (Nr. 52) und **Emslieb** (Nr. 65) ➡ P8/9–R9 stammen beide aus dem Jahr 1618. Alle diese Schlösser können nicht besichtigt werden.

Dann aber ist das **Lustschloss** ➡ R8/9 der Erzbischöfe erreicht, das unter Markus Sittikus entstand (1613–19), erbaut von Santiago Solari, von dem auch der Dom stammt. Sein Stil wird als manieristisch-frühbarock

Das Lustschloss im Süden Salzburgs: Schloss Hellbrunn

Prachtvolle Fresken im Oktogon genannten Musikzimmer von Schloss Hellbrunn

charakterisiert, eine aus Italien über die Alpen importierte Mischung aus Renaissance und Barock, die nur eins wollte: die Verfremdung der Realität mit Mitteln der Kunst. Die sich verlustierenden Erzbischöfe wollten ihren Alltag hinter sich lassen, sie durchschritten das Innere des Schlosses mit Wänden voller Fantasie- und Fabelwesen, illusionistischer Architekturmalerei, Fresken und prächtigem Kachelofen im Festsaal, Fürsten- und Musikzimmer sowie handgefertigten chinesischen Tapeten im Schlafzimmer. Im Dezember findet vor Schloss Hellbrunn der Adventsmarkt statt, ein Weihnachtsmarkt mit einer der schönsten Kulissen in Europa.

Potenziertem Manierismus begegnet man im Lustgarten mit den Wasserspielen. Was sich die Erbauer alles einfallen ließen, um sich Spaß zu verschaffen! So gibt es neben Brunnen, Grotten und Statuen unberechenbare Wasserstrahlen, die bis heute – zur kreischenden Freude Jüngerer – Besucher nass spritzen. Am Steinernen Tisch trieb der Erzbischof gern etwas Schabernack und ließ seine Gäste aus versteckten Leitungen anspritzen. Am Brunnen Altemps entspringt jeder Sternspitze eine Quelle, in der Midasgrotte wird eine Krone von einem Wasserstrahl zur Decke getrieben. Das mechanische Theater, Mitte des 18. Jahrhunderts geschaffen, ist eine Miniaturstadt mit 256 Figuren, die verschiedene Berufe und Stände darstellen, ihre Bewegungen werden mittels Wasserkraft bewirkt. Dazu erklingt Musik von Leopold Mozart. Auf dem Hellbrunner Berg hockt das **Monatsschlössl** ⮕ S9 (so genannt, weil es nur während der Jagdzeit bewohnt war, also etwa einen Monat im Jahr), am östlichen Abhang wurde ein Steinernes Theater in den Fels gemeißelt, eines der ältesten Naturtheater Europas. 1617 kam es dort zur Aufführung der ersten Oper im deutschsprachigen Raum.

Der Hellbrunner Schlosspark ist aber auch ein naturbelassenes Biotop, 60 Hektar groß mit Sportparcours und Routen zum Walken und Joggen. Es gibt eine riesige Spielwiese und einen schönen Spielplatz, im Winter gespurte Loipen. Die verschwenderisch anmutende Naturpracht ist weitgehend von Menschenhand geschaffen worden, mit sanften Übergängen in die Bergwelt der Alpen. Weitere Informationen finden Sie unter den Vista Points S. 46. ◼

Museen, Kirchen, Architektur und andere Sehenswürdigkeiten

Museen

Domgrabungsmuseum → aC2
Residenzplatz
☏ (06 62) 84 52 95
www.salzburgmuseum.at
Juli/Aug. tägl. 9–17 Uhr
Eintritt € 2,50/2
Im Sommer sind hier die Aus-
grabungen aus römischer Zeit
zugänglich. Dokumentiert wird
auch die Entstehung des Doms.

**Dommuseum und Kunst- und
Wunderkammer** → aC2
Domplatz
☏ (06 62) 80 47 18 70
www.kirchen.net/dommuseum
Mitte Mai–Ende Okt. und Ende
Nov.–Anfang Jan. Mo–Sa 10–17,
So/Fei 11–18 Uhr
Eintritt € 12/5, bis 5 J. frei, Fami-
lienticket € 27; die Eintrittskarte
gilt für das ganze Domquartier,
das Dommuseum, das Museum
St. Peter, die Residenzgalerie, die
Residenz-Prunkräume sowie die
jeweilige Sonderausstellung
Gezeigt werden Kunstgegenstän-
de aus der mehr als 1000-jährigen
Domgeschichte, aber auch Kurio-
sitäten, die früher die Schaulust

Der Wehrbau der Salzburger Erzbischöfe: Festung Hohensalzburg

der Bürger befriedigten. Darunter ein Messbuch Wolf Dietrichs, ein karolingisches goldgeschmiedetes Rupertuskreuz aus dem 8. Jh., ein byzantinisches Schwurkreuz aus dem 12. Jh. und liturgisches Gerät.

Festung Hohensalzburg → aC2
Mönchsberg 34
✆ (06 62) 84 24 30 11
www.salzburg-burgen.at
www.hohensalzburg.com
Festungsbahn tägl. Jan.–April und Okt.–Dez. 9.30–17, Mai–Sept. 9–19 Uhr, Advent und Ostern 9–18 Uhr, FestungsCard mit Berg- und Talfahrt (inkl. Eintritt in die Burghöfe) € 11,30/6,30 (6–14 J.)
www.festungsbahn.at
Eintritt nach Fußweg € 8/4,50

Burghöfe, Georgskirche und **Museen** ohne Führung tägl. Juli/Aug. 9–19, Mai/Juni, Sept. bis 18, Okt.–April bis 17.30 Uhr
Prunkräume der Salzburger Erzbischöfe nur im Rahmen einer Führung: tägl. 10–17 Uhr, Kombiticket (mit Museen) € 10/5,70 (6–14 J.)
Der erste Burghof der größten vollständig erhaltenen Burganlage Mitteleuropas imponiert mit drei Sperrbogen. Zu sehen sind noch die Versorgungsseilbahn von 1504 und die 1539 gegrabene Zisterne. An der Außenwand der Georgskirche (1502) zeigt ein Hochrelief aus rotem Marmor Leonhard von Keutschach (1515).

Die Geschichte der Burg, mittelalterliche Wohnverhältnisse und die Gerichtsbarkeit dokumentiert das Festungsmuseum im »Hohen Stock«. In den Fürstenkellern ist ein Marionettenmuseum untergebracht, es zeigt Figuren aus aller Welt.

Während der Führung lernt der Besucher die prachtvollen Innenräume der Festung kennen. So die einstige Gerichtsstube im Gerichtsturm, dessen Plattform 170 m über der Stadt liegt, die Aussicht ist von hier besonders gut. Im Wehrgang geht es zum »Salzburger Stier«, einer Freiorgel mit 200 Pfeifen (1502), die jeden Tag um 7, 11 und 18 Uhr ertönen.

Eine Wendeltreppe führt empor zu den spätgotischen Fürstenräumen im dritten Stock. Die Goldene Stube prunkt mit Marmorportalen, die Türen sind mit schmiedeeisernen Ranken verziert. Der Kachelofen (1501) ist besonders gut gearbeitet und hat es wegen seiner Schönheit zur Berühmtheit gebracht. Als prächtiger Höhepunkt zeigt sich aber der Große oder Goldene Saal. Seine Holzvertäfelung ist blau und rot bemalt, die Säulen sind aus rotem Marmor. Über Jahrhunderte wurde kein Bürger aus niederen Ständen in diese Räume vorgelassen.

✿ Georg-Trakl-Haus ➡ aB2
Waagplatz 1 a
✆ (06 62) 84 53 46
www.kulturvereinigung.org
Nur mit Führung, Mo–Fr jeweils 14 Uhr, Eintritt € 4/2
Manche Salzburger meinen, es sei nicht verwunderlich, dass der Dichter Georg Trakl schwermütig war – er starb schon mit 27 Jahren nach einer Überdosis Kokain. Denn in dem Haus, in dem er am 3. Februar 1887 als Sohn eines Eisenwarenhändlers geboren wurde und aufwuchs, befand sich bis 1407 das Gericht mit Pranger und Galgen. Heute ist dort eine Forschungs- und Gedenkstätte untergebracht, die sich mit Leben und Werk des jung gestorbenen Dichters befasst.

Haus der Natur ➡ aB1
Museumsplatz 5
✆ (06 62) 84 26 53-0
www.hausdernatur.at
Tägl. 9–17 Uhr
Eintritt € 7,50/5
Salzburg leistet sich ein umfangreiches naturgeschichtliches Museum im ehemaligen Ursulinenkloster. Mit Saurierhalle, Weltraumhalle, Geologieabteilung, Landschaftsdioramen, lebenden Insektenstaaten, Reptilienzoo und einer Reise durch den menschlichen Körper punktet es quer durch alle Generationen. Am eindrucksvollsten ist die riesige Aquariumanlage.

Mozarts Geburtshaus ➡ aB2
Getreidegasse 9
✆ (06 62) 84 43 13
www.mozarteum.at
Tägl. 9–17.30, Juli/Aug. bis 20 Uhr
Eintritt € 10/3,50 (6–14 J.), Kombiticket mit Wohnhaus € 17/5
Salzburgs meistbesuchtes Museum – täglich um 3000 Besucher – ist ein Ort der Andacht. In diesem typischen Bürgerhaus wurde Wolfgang Amadeus am 27. Januar 1756 geboren, bis 1773 wohnte er mit seiner Familie im dritten Stock in relativ beengten Verhältnissen. Von den sieben Kindern der Mozart-Eltern überlebten nur er und Schwester Nannerl. Zu sehen sind Wolferls Kindergeige, Hammerklavier und Clavichord sowie Noten als Originale. Im zweiten Stock geht es um »Mozart auf dem Theater«, im ersten gibt es wechselnde Sonderausstellungen, im hinteren Haus wird die Ausstellung »Bürgerliches Wohnen in Salzburg zur Mozartzeit« gezeigt.

❹ Mozarts Wohnhaus ➡ aA2
Makartplatz 8
✆ (06 62) 87 42 27 40
www.mozarteum.at
Tägl. 9–17.30, Juli/Aug. bis 20 Uhr

Mozarts Wohnhaus am Makartplatz 8

Eintritt € 10/3,50 (6–14 J.), Kombiticket mit Geburtshaus € 17/5
Im einstigen Tanzmeisterhaus (1617) mit seiner schlichten Eleganz lebte Vater Leopold mit der Familie von 1773 bis zu seinem Todesjahr 1787. Die Raumverhältnisse müssen Wolferl äußerst großzügig vorgekommen sein nach denen in der engen Getreidegasse. Acht Zimmer standen der Familie zur Verfügung, als Wohn- und Arbeitsbereich zugleich, und es gab einen Garten hintendran. Zwischen 150 und 200 Kompositionen soll Mozart hier verfasst haben; im Garten huldigte er dem Bölzlschießen mit Pfeilen auf eine Scheibe.

Jenseits der Salzach: das Museum der Moderne Mönchsberg

Die Jahre in diesem Haus gehören zu seinen glücklichsten, wie anhand seiner Aufzeichnungen feststeht; 1780 verließ Mozart Salzburg. Das Gebäude ist rekonstruiert, 1944 war es nach Bombeneinschlägen ausgebrannt. 1989 erwarb es die Stiftung Mozarteum und ließ es mit starker Finanzhilfe einer japanischen Versicherung wieder im ursprünglichen Zustand errichten. Zu sehen sind Gegenstände aus der Epoche der Mozarts, umfänglich dargestellt wird Wolfgang Amadeus' Reisetätigkeit, mit der er schon als Kind begann, und zum Haus gehört das **Mozart Ton- und Filmmuseum**, das sämtliches Film- und Audiomaterial im Zusammenhang mit Mozart archiviert (Mo/Di und Fr 9–13, Mi/Do 13–17 Uhr).

🔆 Museum der Moderne Mönchsberg ➡ aB1
Am Mönchsberg 32
☎ (06 62) 84 22 20-401
www.museumdermoderne.at
Tägl. außer Mo 10–18, Mi bis 20, zur Festspielzeit auch Mo 10–18 Uhr
Eintritt € 8/6, Familienticket € 12
Seit 2004 ist Salzburgs populäre Aussichtsterrasse, der Mönchsberg, von einem kühnen Schachtelbau mit großer Freitreppe, dem

Museum der Moderne, gekrönt. Der Entwurf stammt von den Münchner Architekten Friedrich, Hoff und Zwink, direkt an der Klippe fällt die Wand 60 Meter ab. Sechs Jahre stritten die Salzburger, ob sie drei unbekannte Deutsche diesen klaren Museumskubus, aus dessen geschlossener Front ein Panoramafenster wie ein Flachbildschirm ragt, für 21 Mio. Euro bauen lassen sollten. Heute gilt das integrierte Café-Restaurant als beliebter Logenplatz über Salzburg.

Neben dem Museum steht der schlösschenartige Wasserturm mit Pickelhaube von 1890. So wird symbolisch gezeigt, wie eine Investition in die Zukunft aussieht. Zwischen Museum und Wasserturm wurde ein begehbarer Skulpturengarten angelegt. Der flache, breit lagernde Riegel verbirgt hinter strahlend heller Haut aus heimischem Untersberger Marmor vier Ebenen mit 2300 m² Ausstellungsfläche, die unterschiedlich bespielt werden. Die Räume sind gereihte Orte der Kommunikation, intim ausgeleuchtet und hochfunktional.

Die Anlage in ihrer fast klösterlichen Strenge lädt ein zur

Instrumentenvitrine »Viva! Mozart« im Salzburg Museum

Meditation über den Ort inmitten der rauen Berglandschaft. Zu sehen ist vorrangig zeitgenössische Kunst. Grafiken, Malerei der klassischen Moderne, eine Fotosammlung. Auch Plastiken, Leuchtinstallationen und Videos. Betonmauern, Stahltreppen und Glasbänder bestimmen das Raumgefüge. Ein 12 m tiefer Canyon teilt das Gebäude in der Mitte in seine zwei Raumfolgen.

Museum der Moderne Rupertinum ➡ aC2

Wiener-Philharmoniker-Gasse 9
℡ (06 62) 84 22 20-451
www.museumdermoderne.at
Tägl. außer Mo 10–18, Mi bis 20, zur Festspielzeit auch Mo 10–18 Uhr
Eintritt € 6/4, bis 5 J. frei
Das Stammhaus des Museums der Moderne befindet sich im ehema-

»Musikalisches« Exponat aus der Residenzgalerie: Pierre Nicolas Huilliots »Stillleben mit Musikinstrumenten« (18. Jh.)

ligen Seminar für Priesterzöglinge und des Beamtennachwuchses. Erzbischof Paris Lodron gründete 1653 das Collegium Rupertinum, im 20. Jh. wurde der Komplex mit seinem schönen Innenhof zum Museum für moderne Kunst umgewidmet. Die hellblaue Fassadengestaltung mit Keramik stammt von Friedensreich Hundertwasser.

Der Salzburger Galerist Friedrich Welz legte den Grundstock der Sammlung mit den Schwerpunkten Kunst um 1900 und Expressionismus. Später kamen Neue Sachlichkeit, Kunst nach 1945 (Plastik) und die Österreichische Fotogalerie hinzu. Besonders beachtenswert sind Zeichnungen und Druckgrafiken von Gustav Klimt und Oskar Kokoschka. Dazu Wechselausstellungen.

Museum der Salzburger Rettungsgesellschaft ➡ H8

Dr.-Karl-Renner-Str. 7
℡ (06 62) 814 41 13 30
Besichtigung nur nach Voranmeldung
Das vom Roten Kreuz betriebene Museum in einem von Wunibald Deininger 1927 errichteten Rettungsheim zeigt vor allem Ausrüstungsgegenstände der Rettungs-

dienste in den Alpen und erläutert die dort vorhandenen Gefahren.

Residenzgalerie ➡ aC2
Residenzplatz 1
✆ (06 62) 840 45 10
www.residenzgalerie.at
Tägl. 10–17 Uhr
Eintritt € 7/2 (6–16 J.)
Die Erzbischöfe waren über Jahrhunderte hinweg große Kunstsammler. Der letzte von ihnen, Hieronymus Colloredo, wählte 1789 aus den über die Schlösser und Paläste verteilten Schätzen 1000 Gemälde für eine Sammlung aus, die von der Bevölkerung besichtigt werden konnte. Viele der kostbaren Werke wurden nach Colloredos Weggang 1880 und der einsetzenden Säkularisierung zerstreut, ein großer Teil ging nach Wien. 1923 kam es zur Wiedereröffnung mit den Sammlungen Czernin und Schönborn-Buchheim, ein Teil der Gemälde war zurückgekauft worden. Während der Besetzung durch Hitler-Deutschland kam es abermals zur Schließung, erst 1952 zur erneuten Öffnung der einstigen fürsterzbischöflichen Repräsentationsräume. Zu sehen ist italienische Malerei des 16. und 17. Jh., niederländische Malerei des 17. Jh. und österreichische Malerei des 19. Jh. (Romantik, Biedermeier, Salonmalerei). Ein Highlight ist Rembrandts Gemälde »Rembrandts Mutter, betend« (1630).

Exponat der Ausstellung »Rose, Veilchen, Edelweiß …« im Volkskunde Museum: Geldkatze in Form eines Vergissmeinnichtstraußes (19. Jh.)

⑦ Salzburg Museum (Museum Carolino Augusteum) ➡ aB2
Neue Residenz, Mozartplatz 1
✆ (06 62) 62 08 08-700
www.salzburgmuseum.at
Tägl. außer Mo 9–17
Eintritt € 7, Jugendliche € 4 (16–26 J.), Kinder € 3 (6–15 J.)
Am 1. Juni 2007 brach für das Gebäude mit der großzügigsten imperialen Fassade der Stadt eine neue Ära an: Das Salzburg Museum wurde eröffnet. »Wir wollen zeigen, dass ästhetische Gestaltung, moderne Präsentation und wertvolle Kunstobjekte eine Symbiose bilden können«, erklärte Direktor Erich Marx. In einem mehr als 400 Jahre alten, perfekt sanierten Palazzo mit teilweise

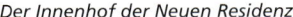

Der Innenhof der Neuen Residenz

prunkvoller Ausstattung werden Besuchern tiefe Einblicke in die Geschichte der Stadt, ihre Kunst und Kultur geboten.

Zum **Carolino Augusteum**, gegründet 1834 als »Provinzialmuseum« und fortlaufend erweitert, gehören mehrere Institutionen mit den Sammelbereichen Geschichte, Kunst und Kultur, wie **Panorama Museum** und **Volkskunde Museum** und das Studiengebäude Alpenstraße 75. Aber das Salzburg Museum ist das größte Projekt, mehr als 3000 m² Ausstellungsfläche stehen zur Verfügung. Die Dauerausstellung im 2. Stock ist nicht nach chronologischen Gesichtspunkten angeordnet, sondern nach den wichtigen Themen Salzburgs. Hauptsächlich wird der Frage nach dem legendären »Mythos Salzburg« nachgegangen, wie ihn die Maler der Romantik im frühen 19. Jh. prägten und wie er sich bis in die Jetztzeit entwickelte.

Im Mittelpunkt stehen Tourismus und Salzburger Festspiele, die beiden Umsatzmotoren der Stadt. Außerdem ist das absolutistische Zeitalter der Erzbischöfe dargestellt, werden die für die Reichsgeschichte bedeutsamen Figuren Kardinal Matthäus Lang und Erzbischof Wolf Dietrich von Raitenau porträtiert und wird die Zeit der Judenverfolgung

Im Salzburg Museum: »Die Festung Hohensalzburg« (1928) von Wilhelm Thöny

beleuchtet (die ihren Höhepunkt 1498 fand in der »Verbannung der Juden aus dem Erzstift Salzburg für immer und ewige Zeiten«, so Erzbischof Leonhard von Keutschach) sowie die Gegenreformation, bei der mindestens 20 000 Protestanten vertrieben wurden.

Im 1. Stock werden markante Salzburger Persönlichkeiten in bunter Reihung vorgestellt, darunter Künstler, Architekten, Wissenschaftler, Literaten, Musiker oder Fotografen. Angefangen vom Arzt und Philosoph Paracelsus (16. Jh.) über den Pionier der Museumsinszenierung Jost Schiffmann (19. Jh.) bis zum Architekten und Designer Wunibald Deininger oder der Tänzerin und Pädagogin Friderica Derra de Moroda (beide 20. Jh.). In der Kunsthalle unter dem Innenhof der Neuen Residenz werden Sonderausstellungen abgehalten. Im unterirdischen Durchgang zum Panorama Museum sind Funde aus archäologischen Grabungen zu sehen, u. a. eine über 1,5 m hohe bemalte römische Mauer aus der Zeit um 100 n. Chr. Ein Museumsshop, Café und Veranstaltungsräume komplettieren das reichhaltige Angebot.

Salzburger Barockmuseum/ Sammlung Rossacher ➡ aA2

Orangerie des Mirabellgartens, Mirabellplatz 3
℡ (06 62) 87 74 32
www.salzburgmuseum.at/barockmuseum.html
Mi–So/Fei 10–17 Uhr, Ostern, Juli/ Aug., Weihnachten Di–So/Fei 10–17 Uhr, Führung Sa 14 Uhr und nach Vereinbarung
Eintritt € 4,50, bis 14 J. frei
Dies ist das einzige europäische Museum, das allein der »Geburt eines Kunstwerks« gewidmet ist. Denn nur im Entwurf (Handzeichnung) ist der schöpferische Moment festgehalten, frei von

Nostalgischer Spielzeugladen im Spielzeugmuseum

späteren Vorgaben und Veränderungen. Deshalb sind Originale der Originale zu sehen, besonders aus dem sinnlichen 17. und 18. Jh. Sie stammen aus der ehemaligen Privatsammlung von Kurt und Else Rossacher, die das Ehepaar 1970 dem neu geschaffenen Museum stiftete.

Zu den wichtigsten Künstlern zählen Luca Giordano, Peter Paul Rubens, Gianbattista Tiepolo, Joh. Michael Rottmayr, Paul Troger und die Bildhauer Gianlorenzo Bernini und Joh. Baptist Traub. Die besten Ausstellungsstücke der grafischen Sammlung stammen von Carlo Carlone, Martino Altomonte, Daniel Seiter und J. A. Feuchtmayr. Insgesamt 200 Bozzetti und 150 Handzeichnungen, teilweise zerstört, aber eindrucksvoll als Ursprungsentwurf.

Das Museum bietet auch ein reichhaltiges Ferienprogramm für Kinder mit Basteln, Theaterspiel und Gartenerkundung.

Spielzeugmuseum/Historische Musikinstrumente → aB1
Bürgerspitalgasse 2
℗ (06 62) 62 08 08-300
www.salzburgmuseum.at
Tägl. außer Mo 9–17 Uhr, Dez. auch Mo
Eintritt € 4/1,50

Di/Mi 15 Uhr Kasperltheater
Im Gebäude des einstigen Bürgerspitals teilen sich zwei Museen die Räume. Im Spielzeugmuseum gibt es für Kinder alles, was ihre Herzen höher schlagen lässt: Schnitz- und Zinnfiguren, Papierbühnen, Puppenhäuser und Baukästen, Teddys und Modelleisenbahnen sowie Spielzeug aus Übersee.

Die Sammlung historischer Musikinstrumente ist ebenfalls beachtenswert, zeigt sie doch höchste Kunstfertigkeit und vermittelt den gehobenen Lebensstil vergangener Zeiten.

Stiegl's Brauwelt → K3
Bräuhausstr. 9
℗ (06 62) 83 87 14 92
www.brauwelt.at
Tägl. 10–17, Juli/Aug. bis 19 Uhr
Eintritt € 9/4
Auf einer Reise durch 500 Jahre Braugeschichte der größten Privatbrauerei Österreichs erfährt der Besucher alles über das schaumgekrönte populäre Getränk. In der Erlebnisbrauerei gibt es natürlich auch eine Bierverkostung.

Trachtenmuseum/Werkstätte Beurle → aB1
Griesgasse 23/l, ℗ (06 62) 84 31 19
Di–Fr 10–12 und 14–16 Uhr
Eintritt frei

Das kleine, aber feine Museum zeigt Trachten aus der Barock- und Biedermeierzeit, die bis heute in der Region gern getragen werden. Die Grundzüge lassen sich sogar bis in die Prähistorie zurückverfolgen. Funde am Halleiner Dürnberg belegen, dass schon Kelten und Römer die Vorzüge des rustikalen Tuchs erkannt hatten. Das Dirndl der Frauen ist ein in der Taille eng gefältelter Rock mit einer Schürze darüber, das Mieder ist eng und meist kunstvoll geschnürt.

Die Basis der Männertracht sind graue Hosen, teilweise aus Leder, und grüne Westen. Große Unterschiede gibt es aber bei den Accessoires, die in allen Details dargestellt sind. Diese besondere Textilkultur charakterisiert das Salzburger Land. Zu den Festspielen, bei Empfängen, aber auch im Alltag sieht man stets das Dirndl, das es als Tages- und Abenddirndl gibt. Es dominieren drei Farben: Hellblau, Rosa und Gelb. Zur ursprünglichen Bauerntracht gehören derbe Schuhe, die teilweise freigelegte Oberweite ist obligatorisch.

Figurenschmuck des Doms zu Salzburg: der hl. Rupert und der hl. Peter

Blick in die Tambourkuppel des Doms

Kirchen

Die Kirchen sind meist von 8–18 Uhr zugänglich.

Andräkirche ➡ aA2
Mirabellplatz
Ein Stilbruch des Historismus. Die zwischen 1892 und 1898 errichtete dreischiffige Kirche wurde im neugotischen Stil norddeutscher Backsteingotik gebaut, es bleibt unergründlich, warum Josef Wessiken das tat. Im Zweiten Weltkrieg zerstört, erhielt das dissonante Gebäude in der Barockstadt neue Chorfenster (1958) und einen neuen Hochaltar (1960). 1970 wurden die einst 61 m hohen Türme verkürzt und mit Pyramidendächern versehen, weil sie nicht ins Stadtbild passten.

(Bild: Deckengemälde und Kuppel des Salzburger Doms)

2 Dom Hl. Rupert ➡ aC2
Domplatz

Der heutige Dom stammt von Santino Solari, er wurde 1614–28 gebaut, sein Material ist dunkelgrauer Nagelfluh (Geröllkonglomerat aus Kalkstein, Quarz, Gneis und Glimmerschiefer) vom Mönchsberg. Zuvor hatte es an dieser Stelle bereits sakrale Bauten gegeben, die Weihe des ersten Doms nahm 774 Bischof Virgil vor, im selben Jahr wurden auch die Hinterlassenschaften des hl. Rupert, eines der ersten christlichen Missionare in der Gegend, beigesetzt.

Ende des 12. Jh. wurde der Ursprungsbau durch eine fünfschiffige romanische Basilika ersetzt, die mit den Maßen 109 mal 58 m den größten Kirchenbau auf der Nordseite der Alpen darstellte und 1598 ausbrannte. Der dritte Bau wurde 1944 von Bomben getroffen, der Wiederaufbau erfolgte bis 1959.

Zu betreten ist der Dom durch drei Bronzetore (1957/58), das Langhaus ist 99, das Querhaus 68 m lang. Unter der Vierung und zwischen den Fundamenten der mittelalterlichen Bauten wurde 1957–59 eine mehrräumige Krypta als Ruhestätte der Erzbischöfe angelegt. Sehenswert sind die drei Hauptaltäre in ihrer üppigen barocken Bemalung und die Grabmäler der Bauherren Markus Sittikus und Paris Lodron sowie anderer Erzbischöfe. Auf viele Besucher macht die Kirche trotz ihrer Prachtentfaltung einen kühlen Eindruck.

Dreifaltigkeitskirche ➤ aA2
Makartplatz

Mit ihren an beiden Seiten anschließenden Konviktgebäuden beherrscht die Klosterkirche (1694–1702) die Stirnseite des Dreifaltigkeitsplatzes, ihre Fassade ist auffällig konkav. Sie war der erste Sakralbau des berühmten Barockarchitekten Johann Bernhard Fischer von Erlach in Salzburg. Das Kuppelfresko »Krönung Mariae« von Johann Michael Rottmayr zeichnet das Innere aus.

Franziskanerkirche ➤ aC2
Sigmund-Haffner-Gasse

Ein stilgeschichtlich hochinteressantes Gebäude, lange Zeit eine Asylkirche für Verfolgte. Darauf weist die am Westportal, durch das man die Kirche betritt, knapp über dem Boden sichtbare Schwurhand hin. Wie beim Dom gab es auch bei diesem Gotteshaus einen Vorgängerbau aus dem 8. Jh., zerstört von Friedrich I. Barbarossa 1167. Der spätromanische Neubau wurde 1223 eingeweiht, das dunkle Langhaus ist noch in ursprünglicher Form vorhanden. Doch bildbeherrschend ist das Sternrippengewölbe, ein Meisterwerk von Hans von Stethaimer und Stephan Krumenauer aus der ersten Hälfte des 15. Jh. Der Barock gab dann noch den Kapellenkranz (1606–1704) und den Hochaltar (1709) von J. B. Fischer von Erlach hinzu. An keiner anderen Salzburger Kirche lassen sich die ineinander verschränkten Stilepochen so gut ablesen.

Friedhof St. Sebastian und Sebastianskirche ➤ aA2
Zugang von der Linzer Gasse

Die meisten Salzburg-Besucher laufen daran vorbei. Das ist schade, denn einen solch pittoresken Friedhof haben nur wenige Städte in Europa zu bieten. Wer von der Staatsbrücke über die Salzach die Einkaufsstraße Linzer Gasse hinaufgeht, sieht nach einigen hundert Metern links die Sebastianskirche. Sie stammt aus dem 16. Jh., wurde aber Mitte des 18. Jh. im Rokokostil komplett verändert. Im Durchgang befindet sich in der linken Wand das Grabmal des Arztes und Naturforschers Theophrastus Paracelsus, er starb 1541 in Salzburg. Dann folgt der Friedhof, den Wolf Dietrich im Stil eines italienischen Campo Santo

Die Dreifaltigkeitskirche vom Makartplatz aus gesehen

Friedhof St. Sebastian im Stil eines italienischen »Campo Santo«

anlegen ließ und den eine bemerkenswerte Grabmalkunst aus dem 17. bis 19. Jh. auszeichnet.

Im Zentrum steht die Gabrielskapelle, das Mausoleum für Erzbischof Wolf Dietrich (1617 gest.). Sie ist mit farbigen Marmorfliesen ausgekleidet und wirkt hell und heiter – genauso hatte es der fromme Mann gewollt. Schlicht war sein Begräbnis, »mit seinen Alltagskleidern bekleidet; nur seine geringsten Diener, begleitet von vier Kerzenträgern und sechs Kapuzinern, sollten ihn zu nächtlicher Stunde der Erde übergeben ...«. Wolf Dietrichs Wille wurde missachtet, sein Nachfolger Markus Sittikus ließ ihn pompös bestatten.

Außerdem wurden hier Mozarts Vater Leopold (1787 gest.), Constanze Mozart, wiederverheiratete Nissen (1842 gest.) und Genoveva von Weber (1798 gest.), Mutter des Komponisten Carl Maria von Weber, beerdigt.

Kajetanerkirche → aC3
Kajetanerplatz

Die turmlose Kirche, die aussieht wie ein Palast, wurde 1684–1700 im Auftrag des Theatinerordens gebaut und ist dessen Patron, dem hl. Kajetan, geweiht. Die Pläne stammen von Johann Caspar Zuccalli aus München. Beidseitig wird die Kirche von Bauten des einstigen Theatinerordens eingefasst, die Innenausstattung stammt aus dem Barock. Die ovale Kuppel von Paul Troger ist freskenverziert und zeigt die Aufnahme des hl. Kajetan in den Himmel durch die Fürsprache von Maria. Johann Michael Rottmayr malte die »Heilige Sippe« auf der linken Altarseite.

Kirche zum Hl. Blut in Parsch → bA2
Geißmayerstr. 6, Bus 6: Fadingerstraße

Dieses Gotteshaus im Salzburger Vorort Parsch am Abhang des Gaisbergs – deshalb vom Volksmund auch »Talstation Gottes« genannt – entstand erst 1956 durch den Umbau eines Bauernhofs. Es handelt sich um einen der bedeutendsten österreichischen Kirchenbauten des 20. Jh., mit ihm begann die moderne Sakralarchitektur im Alpenland. Die Entwürfe schufen die Architekten Holzbauer, Kurrent und Spalt. Auch bedeutende Künstler wurden hinzugezogen: Die Figur des Gekreuzigten über dem nördlichen Portal stammt von Fritz Wotruba, die Gravuren am südlichen gehen auf Oskar Kokoschka zurück.

8 Kollegienkirche ⟶ aB1/2
Universitätsplatz
Sie ist eine der bedeutendsten Barockkirchen der Kunstgeschichte, stilbildend für den gesamten süddeutschen Kirchenbau in der Barockzeit. Mit ihrer hohen Kuppel, den gedrungenen Türmen und der kühn geschwungenen Fassade gehört sie zu den Meisterwerken von Fischer von Erlach. 1707 wurde sie geweiht, ihre Entstehung geht zurück auf einen Erlass von Erzbischof Johann Ernst Graf Thun, der verfügte, dass die Studenten nicht mehr in sakrallosen Räumen der Universität am Gottesdienst teilnehmen, sondern eine eigene Kirche erhalten sollten. Auf dem Dach steht die Statue der gekrönten Maria, dazu weitere Statuen von Evangelisten und Kirchenvätern. Machtvoll erstreckt sich hinter der Schaufassade der kuppelüberwölbte Hauptraum mit seinen Kreuzarmen. Die Ausstattung im Innern mit der weißen Stuckdekoration kann allerdings mit der äußerlichen Prachtarchitektur nicht mithalten.

Die Kollegienkirche, ein Meisterwerk Fischer von Erlachs

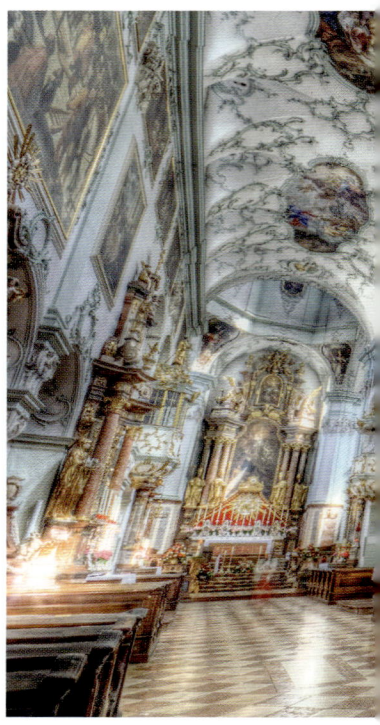

9 Loretokirche ⟶ aA2
Paris-Lodron-Straße
Die letzte noch bedeutsame Wallfahrtskirche innerhalb der Stadt. Sie entstand 1633–48 für Nonnen des Klarissenordens, die im Dreißigjährigen Krieg ins von den Wirren unberührte Salzburg geflohen waren. Der Seitenaltar birgt rechts das »Gnadenreiche Loretokindl« und eine Jesusstatuette aus Elfenbein, die Wunder wirken soll.

Michaelskirche ⟶ H/I4
Residenzplatz
Vor mehr als 1000 Jahren stand hier die Pfalzkapelle der Herzogsburg, eine Zeit lang war sie Stadtpfarrkirche. Nach einer Zerstörung wurde sie 1167 als Emporenkirche wiederaufgebaut. Sie ist auf den Erzengel Michael geweiht. Die hellrote Fassadenfarbe

Prachtvolle Rokoko-Stukkaturen schmücken die Stiftskirche St. Peter

stammt aus dem Jahr 1776, damals wurde auch die Ausstattung erneuert. Stuck, Deckenfresken, Seitenaltarbilder und ein kunstvolles Abschlussgitter prägen die Kirche im Innern.

Müllner Pfarrkirche ➡ aC2
Augustinergasse
An eine Marienkapelle (1148) wurden zu Beginn des 18. Jh. weitere Kapellen angebaut, so entstand eine spätgotische Saalkirche mit einer barocken Haube. Der Innenraum ist reich stuckiert und einer der prächtigsten unter den Salzburger Kirchen.

Stiftskirche St. Peter ➡ aC2
St.-Peter-Bezirk
Die formenstrenge Basilika aus hochromanischer Zeit entstand 1130–43, geht aber im Kern etwa auf das Jahr 850 zurück. 1605–25

und 1770–77 wurde sie verändert, erhielt Turmhauben aufgesetzt und zeigte sich im Rokokostil.

Die Grabmäler auf dem Friedhof St. Peter stammen aus dem 14. bis 19. Jahrhundert

Doch die romanische Basilika ist immer noch auszumachen. Im Innern gibt es zahlreiche Grabmäler, u.a. das Felsengrab des hl. Rupert, der den Vorgängerbau um 696 errichten ließ. Die Marmoraltäre sind bemalt, die Fresken stammen aus gotischer Zeit und aus dem Jahr 1955. Das Gotteshaus gilt als Keimzelle der Salzburger Kirche, hier wurde die Slawenmission organisiert.

Architektur und andere Sehenswürdigkeiten

Festspielbezirk ➜ aB/C1
Hofstallgasse und Max-Reinhardt-Platz
☎ (06 62) 804 55 00
Führungen tägl. 14 und 15.30 Uhr, Treffpunkt Hofstallgasse 1, Eintritt € 5/2,90
225 m lang ist der unter dem Mönchsbergfelsen gelegene Komplex, in dem das Kleine (Alte) Festspielhaus, das Große (Neue) Festspielhaus und das jüngst hinzugekommene Haus für Mozart untergebracht sind. Dazu Verwaltungsräume und Werkstätten.

Zum 250. Geburtstag des größten Sohnes der Stadt (2006) schloss Salzburg mit dem Haus für Mozart den Umbau des Kleinen Festspielhauses ab. Es ging hervor aus der ehemaligen Felsenreitschule (1607), der Kleinen Winterreitschule (1693) und der Großen Winterreitschule (1840). Nach Einführung der Festspiele erhielt der Komplex den Namen »Kleines Festspielhaus« (1925), Clemens Holzmeister baute es 1969/70 noch einmal um. Beim letzten Ausbau kam es zum vollständigen Abbruch von Auditorium und Foyer. Österreichs Stararchitekt Wilhelm Holzbauer verkürzte das schlauchartige Auditorium um 10 m und verbreiterte es zugleich geringfügig durch geringere Wandstärken und das Absenken des Parketts um 2 m. Bei gleicher Raumhöhe – die Kubatur ist denkmalgeschützt – gelang es ihm, einen zweiten Rang unterzubringen, sodass die Zahl der Sitze um 250 auf knapp 1600 erhöht werden konnte.

Die ausgezeichnete Raumakustik tüftelte der Münchner Akustiker Karlheinz Müller aus. Leider geriet das Auditorium zur Repräsentationsarchitektur, mit viel Gold an Decken und Balkonen, die Wände umfassenden Goldrahmen und rosa Putzfeldern mit aufgemaltem Marmor. Ungewöhnlich ist der hinter einer Goldlamellenwand im 17 m hohen Foyer herausragende Mozartkopf, geformt aus Swarowski-Kristallen.

In der Getreidegasse, Salzburgs berühmtester historischer Gasse

Außenansicht des Hangar 7 bei Nacht

Das Große Festspielhaus schuf Clemens Holzmeister 1956–60, wobei er das 40 m hohe Bühnenhaus tief in den Mönchsberg hineinrammte. In der Eingangshalle sieht der Besucher die Plastiken »Musik« und »Theater« von Wander Bertoni, die freistehenden Großgemälde stammen von Robert Longo. Der Boden im Foyer besteht aus Adneter Marmor, der im Pausensaal aus grünem Serpentin mit eingelegten Pferdemosaiken. Der Zuschauerraum besitzt 2179 Plätze und eine viel gerühmte Akustik.

❸ Getreidegasse ➡ aB1/2
Die berühmte historische Gasse ist die meistfotografierte Straße Salzburgs und zugleich beliebte Einkaufsmeile. Sie wirkt kulissenhaft, okkupiert von Touristen, hat aber noch viel Authentisches. So gibt es viele Häuser aus mittelalterlichem Gemäuer, das älteste Haus (Nr. 21) stammt aus dem Jahr 1258. Die Durchhäuser sind Vorläufer der modernen Passagen. Am sogenannten Schatz-Durchhaus (Nr. 3, erbaut 1363) steht auf einer Gedenktafel, dass Arbeiterführer August Bebel 1859–60 in diesem Haus lebte und arbeitete; der spätere Mitgründer der Sozialdemokratischen Arbeiterpartei war Drechslergeselle. Es gilt als das schönste Haus in der Gasse, mit zwei besonders hübschen Innenhöfen und Arkaden- und Laubengängen. Nr. 5 ist das Zezihaus (ein altes bürgerliches Geschäfts- und Drogeriehaus), geschmückt von einem filigranen Rokokoportal (1766) und einem kunstvollen Eisentor.

Am östlichen Ende der Getreidegasse steht das alte Rathaus (1616–18), der barocke Bau besitzt eine Muschelverzierung aus der Rokoko-Epoche. Dieses und die Häuser ringsumher sind für mittelalterliche Stadtgebäude erstaunlich hoch, bis zu fünf Stockwerke. In den extrem beengten Verhältnissen konnte man sich nur noch in die Höhe ausdehnen.

❿ Hangar 7 ➡ bA1
Wolfgang-Amadeus-Airport
Wilhelm-Spazier-Str. 7 a
☏ (06 62) 219 70
www.hangar-7.com
Tägl. 9–22 Uhr, Eintritt frei
Red-Bull-Eigentümer Dietrich Mateschitz ließ das gläserne Gebäude bauen, er stellt auf riesiger

Fläche seine einzigartige Sammlung an historischem Fluggerät vor, darunter seine Flying Bulls. Da schlägt manchem Planespotter das Herz höher. Für Fans nostalgischer und seltener Flugzeuge hat die Landebahn vor dem Hangar, die Runway 16, im Winter magische Anziehungskraft. Dann landen dort Maschinen, die man auf keinem anderen europäischen Flughafen antrifft. Eine Iljuschin neben einer Tupolew aus Russland, Weißrussland und der Ukraine. Fluggeräte-Raritäten, für die Flug-Fans weite Reisen auf sich nehmen. Für die Spotter wurde eigens ein Hügel aufgeschüttet, der ihnen optimale Sicht gewährt. Der Hangar ist aber zugleich ein Ort der Kunst mit ständigen Kulturveranstaltungen und des Genusses mit Restaurant, Lounge und Bar.

Neustadt ➡ G–I/5/6

Der moderne Makartsteg, nur fußläufig zu überqueren, und die breite Staatsbrücke führen zum Platzl auf der gegenüberliegenden Seite der Altstadt, den es schon im 12. Jh. gab und von dem aus die Vorstadt erwuchs. Die Lederergasse und das enge Königsgässchen markieren den Verlauf der ersten Stadtmauer im 13. Jh. Die Dreifaltigkeitsgasse führt zum Makartplatz – der zu Mozarts Zeiten noch Hannibalplatz hieß – und nach dem Salzburger Maler Hans Makart (1840–84) benannt ist.

Der Stadtteil ist weitgehend bestimmt von der Architekturpracht des 19. Jh., in dem er als Wohngebiet systematisch entwickelt wurde. Jugendstil, Klassizismus, Neue Sachlichkeit und dazwischen noch barocke Bauten. Mit Banken, Versicherungen, Bahnhof und Congress Center, Hoteltürmen und einzelnen Hochhäusern wirkt Salzburg in einigen Straßenzügen – wie Schwarz- und Rainerstraße

– großstädtisch. Es gibt Promenaden, wie sie einst das Bürgertum zur Zurschaustellung bevorzugte, und der Rosenhügel ist künstlich angelegt worden als grüne Insel im Häusermeer.

Die Schwarzstraße zeigt opulenten bayerischen Jugendstil, das auffällige Heizwerk Mitte am Elisabethkai steht für das moderne Bauen im letzten Drittel des 20. Jh. Weil es in der Zeit der Betonliebe auch in Salzburg zu Bausünden kam, wurde in den 80er Jahren des vergangenen Jh. ein sogenannter Gestaltungsbeirat berufen, der beim Bauen auf ein hohes Niveau achtet.

Der anschließende, südostwärts gelegene Stadtteil **Aigen** ➡ J/K9/10 ist eine beliebte Wohnadresse mit eindrucksvoller Villendichte und ambitionierten Wohnanlagen, u.a. eine Siedlung im Bungalowstil mit Flachdächern. Das gesamte Gebiet ist naturbelassen, mit kleinen Hügeln, weitläufigen Spazierwegen, üppigem Baumbestand und weithin unverbautem Flussufer.

✺ Nonntal ➡ L/M7/8

Südwestlich der Altstadt hat man den besten Blick auf die Rückseite der Festung Hohensalzburg, die hier nicht so erdrückend wirkt wie im historischen Zentrum. Die Polizei-Kaserne am Franz-Hinterhofer-Kai ist moderne Architektur vom Ende des letzten Jh. Wunderschön ins Grün des Nonntals eingebettet ist die Naturwissenschaftliche Fakultät der Universität (Hellbrunner Straße). Ein transparentes, lichtdurchstrahltes Gebäude aus jüngster Zeit, erbaut auf solider Altbausubstanz und diese geradezu elegant integrierend. Das historische Gebäude wurde um einen prachtvollen Glasaufbau und eine Freitreppe zum Garten hin erweitert, um die Dozenten und Studenten zu beneiden sind.

Schloss und Park Aigen
➡ westl. K10

Schwarzenbergpromenade 37
www.schloss-aigen.at
Der Gaisberg (1288 m) mit seinem auffälligen hohen Sendemast gibt dem östlichen Salzburger Stadtbezirk Aigen sein Antlitz. Am Hang des Berges entstand im 18. und 19. Jh. ein idyllischer Park mit einem kleinen und kaum ambitioniert entworfenen Schloss. Mehr noch als das Schloss ist der weitläufige Park im englischen Landschaftsgartenstil die Attraktion. Er wurde mit Grotten und Wasserfällen bedacht, zwischen denen es sich gut flanieren lässt. Zudem gibt es eine schöne Aussichtskanzel über dem oberen Wasserfall.

Kirche und Schloss Aigen

Schloss Anif ➡ P8

Schlossallee 1, 5081 Anif
Bus 25: Schloss Hellbrunn
Das im 16. Jh. erwähnte Wasserschloss befindet sich heute in Privatbesitz und kann nicht besichtigt werden. Es lohnt sich aber auch, das Schloss von außen zu bewundern, weil es das Idealbild eines Wasserschlosses darstellt, umgeben von einem englischen Landschaftsgarten.

Schloss Leopoldskron ➡ L5

Leopoldskronstr. 56
℡ (06 62) 83 98 30
www.schloss-leopoldskron.com
Die reinste Filmkulisse! Und das war sie auch schon mehrfach. Der Leopoldskroner Weiher mit seinen gravitätischen Schwänen

Schloss Hellbrunn und seine großzügigen historischen Parkanlagen

und schnatternden Enten ist von dichtem Grün umgeben, aus dem sich strahlend der Anblick des einst erzbischöflichen Schlosses Leopoldskron löst. Der schönste Rokokopalast der Stadt wurde 1736 vollendet. 1918–56 war das Schloss im Besitz des Musikers Max Reinhardt und seiner Erben und im Hollywood-Film »The Sound of Music« spielt es eine tragende Rolle als »Trapp Villa«.

Leider kann es nicht besichtigt werden, seit es dem »Salzburg Seminar in American Studies« gehört. Aber es ist schön, am See

zu stehen und auf das prächtige Bauwerk zu schauen.

❺ Schloss und Park Hellbrunn
➡ R9
Fürstenweg 37
Bus 25: Schloss Hellbrunn
✆ (06 62) 820 37 20
www.hellbrunn.at
Tägl. April, Okt./Nov. 9–16.30, Mai/Juni, Sept. bis 17.30, Juli/Aug. bis 21 Uhr (ab 18 Uhr nur Wasserspiele)
Eintritt € 10,50/5 (4–18 J.), Familienticket € 25, Führung durch die Wasserspiele 40 Min.

Die reinste Filmkulisse: Schloss Leopoldskron

Lustschloss Hellbrunn mit den weltberühmten Wasserspielen

❶ Schloss Mirabell und Mirabellgarten ➡ aA1
Makartplatz, Mirabellplatz
✆ (06 62) 807 20
www.salzburg.info/de
Marmorsaal Mo, Mi/Do 8–16, Di, Fr 13–16 Uhr
Engelsstiege tägl. 8–18 Uhr
Mirabellgarten tägl. 6 bis zur Sonnenuntergang
Orangerie tägl. 9–16 Uhr
Eintritt frei

Es muss Liebe gewesen sein. Fürsterzbischof Wolf Dietrich paukte im beginnenden 17. Jh. sein Projekt zum radikalen Umbau der mittelalterlichen Stadt zur ersten Barockstadt heiterer italienischer Prägung nördlich der Alpen generalstabsmäßig durch, weil er seiner Geliebten Salome Alt imponieren wollte. Als Geistlicher konnte er die Kaufmannstochter nicht heiraten, aber alle Salzburger wussten um seine Liebe zu ihr. Er schuf ein urbanes Gesamtkunstwerk, auf dem ihre Augen wohlgefällig ruhen sollten. 15 Kinder hatten sie zusammen, zehn überlebten und für seine Familie ließ Wolf Dietrich 1606 Schloss Mirabell (»Schöner Blick«) bauen, umgeben von einem wunderschönen Park.

1612 stürzte der Fürst, seine Konkubine samt Anhang musste das Schloss verlassen, es diente fortan als erzbischöfliche Sommerresidenz. Bis 1727 baute Lukas von Hildebrandt es zum spätbarocken Palast um, nach dem Stadtbrand 1818 war wieder eine Umgestaltung fällig, diesmal im klassizistischen Stil. Seit 1947 ist das Schloss Amtssitz des Bürgermeisters und der Stadtverwaltung. Eine prunkvolle Treppe mit Marmorbalustrade führt in den Marmorsaal im ersten Stock, in dem Paare getraut und Veranstaltungen abgehalten werden. Der Mirabellgarten beeindruckt mit Terrassen, Springbrunnen und Marmorstatuen, ein Entwurf J.B. Fischer von Erlachs (1690). Er schuf vier allegorienreiche Figurengruppen, eine Fontäne, einen Irrgarten und das Große und Kleine Parterre. Dort befinden sich die sechs grünen Wände des Heckentheaters (1717), des ältesten im deutschsprachigen Raum.

Ein Unikum ist der Zwerglgarten (1715). Erzbischof Franz Anton Harrach ließ 28 koboldhafte Zwergfiguren eines nicht mehr bekannten Bildhauers aufstellen, 1,20–1,40 m hoch, gearbeitet aus Untersberger Marmor. Sie versinnbildlichten Volkstypen wie Bäuerin, Gärtner, Ballspieler, Lah-

Der Mirabellgarten entstand nach Entwürfen Fischer von Erlachs

mer, Harlekin, Türke oder Stotterer. Als Salzburg 1811 zu Bayern geriet, ließ Kronprinz Ludwig die grotesken Gestalten versteigern. Knapp zwei Drittel konnten zurückgebracht werden, einige sind bis heute verschollen.

Stift Nonnberg ➡ aC3
Nonnberggasse 2
Das älteste noch bestehende Frauenkloster im deutschen Sprachraum darf von Touristen nicht betreten werden. Möglich ist aber ein romantischer Spaziergang über das Areal.

Um 700 gründete der hl. Rupert das Benediktinerinnenkloster und ernannte seine Nichte Erentrudis zur ersten Äbtissin. Bereits um 1150 stand an diesem Ort eine Basilika, ein Portal und kostbare Fresken sind noch im Nonnenchor zu sehen. Die jetzige spätgotische Stiftskirche entstand 1463–1499 auf den Mauern des abgebrannten Vorgängerbaus.

Der Hochaltar ist eine wertvolle Schnitzarbeit (1515), bemerkenswert sind auch das Glasgemälde im mittleren Fenster der Hauptapsis und die Krypta mit 18 freistehenden Säulen und dem Felsengrab der hl. Erentrudis. Es liegt ein Zauber über dem Nonnberg.

Tiergarten Hellbrunn ➡ S9
Anifer Landesstr. 1, 5081 Anif
Bus 25: Zoo Salzburg
℡ (06 62) 820 17 60
www.salzburg-zoo.at
Tägl. im Winter 9–16, Ende März–Ende Juni und Sept.–Ende Okt. bis 17, Juli/Aug. bis 18.30 Uhr
Eintritt € 10,10, Kinder € 7 (15–19 J.) bzw. € 4 (4–14 J.)
Der sogenannte Art-Geo-Zoo erstreckt sich auf ehemals erzbischöflichem Grund, schon die frommen Herren hielten Tiere, jagdbares Wild vor allem, aber auch Exoten wie Tiger. Das Gelände lehnt sich direkt an den Fels des Hellbrunner Bergs an, in den Felsnischen überwintern seit einigen Jahren Gänsegeier, inzwischen sieben stattliche Exemplare. Sie kommen aus den Hochalpen, kreisen in majestätischem Flug über das Gelände und beschauen

sich das Geschehen aus der Höhe. Verspüren sie Hunger, fliegen sie in den Eingangsbereich hinterm Kassenhäuschen und stolzieren dort gravitätisch umher. Dann heißt es, schnell Futter bringen, denn Geier sind leicht beleidigt.

Die Anlage ist in vier Bereiche aufgeteilt, die vier Kontinenten entsprechen. »Afrika« ist als Savannenanlage gestaltet, dort sind Löwen, Zebras und Antilopen beheimatet – und Nashörner, die trotz ihrer Tonnenschwere gestreichelt werden dürfen.

Aus Lehmhütten heraus beobachten Besucher Mangaben, Pinselohrschweine und Geparden. In »Europa und Asien« sind neben Gibbons und Schneeleoparden heimische Tiere aus nächster Nähe zu betrachten. So Alpensteinbock, Fischotter, Wolf und Braunbär. »Australien« lockt mit Kängurus, Emus und einer Reihe farbiger Vögel. »Amerika« bietet die Kletterkunst von Liszt- und Kapuzineraffen sowie Stärke und

Skurril: barocke Figur im Zwerglgarten von Schloss Mirabell

Eleganz von Jaguar und Puma. Dazu Chile-Flamingos und Nasenbären mit Pekaris im selben Gehege. ■

Stift Nonnberg, das älteste noch bestehende Frauenkloster im deutschen Sprachraum

Übernachten
Hotels, Pensionen

Quartiere für Zugereiste gibt es viele. Das beginnt bei luxuriösen Spitzenhotels, – darunter einige traditionsreiche Häuser –, schließt eine Fülle komfortabler Mittelklassehotels, aber auch Pensionen und Apartments ein. In den letzten Jahren haben viele neue Hotels den Betrieb aufgenommen, weitere sind in Planung. Sparbewusste reisen in der Nebensaison (Hauptsaison ist Mai bis August) und fragen nach Pauschalen. In Privathotels kann gelegentlich auch gehandelt werden. Alle Herbergen, die sich in und um den Festspielbezirk befinden, kosten etwas mehr als Unterkünfte außerhalb. Es ist aber kein Problem, außerhalb der Altstadt zu logieren, weil es überall gute Verkehrsanbindungen gibt und die Fußwege ohnehin kurz sind. Zur Festspielzeit sollten alle Nicht-Festspielbesucher Salzburg lieber meiden, die Beherbergungspreise steigen dann teilweise ins Exorbitante und auch die Gastronomie legt drauf. Überhaupt sollte man unbedingt die Preise vergleichen. Das Frühstück ist fast überall im Zimmerpreis inkludiert.

Die angegebenen Hotels sind nach Preisklassen sortiert, die Preiskategorien gelten für ein Doppelzimmer pro Nacht (i.d.R. mit Frühstück).

€	– bis 80 Euro
€€	– 80 bis 130 Euro
€€€	– 130 bis 170 Euro
€€€€	– über 170 Euro

Hotels

Bristol ➜ aA2
Makartplatz 4
5020 Salzburg
✆ (06 62) 87 35 57
www.bristol-salzburg.at
Klassisches Grandhotel mit Art-déco-Charme in zentraler Lage, Gourmetrestaurant.
€€€€

Goldener Hirsch ➜ aB1
Getreidegasse 37
5020 Salzburg
✆ (06 62) 808 40
www.goldenerhirsch.com
Jetset-Dorado in der Festspielzeit, über 500-jährige Geschichte, altsalzburgerisch eingerichtet.
€€€€

Hotel & Villa Auersperg ➜ H6
Auerspergstr. 61, 5020 Salzburg
✆ (06 62) 88 94 40
www.auersperg.at
Privat geführtes, elegantes Hotel mit idyllischem Garten, City Spa und hoteleigenem Parkplatz.
€€€–€€€€

arthotel Blaue Gans ➜ aB1
Getreidegasse 41–43
5020 Salzburg
✆ (06 62) 84 24 91 50
www.blauegans.at
Über 600 Jahre altes Haus, dessen Zimmer unterschiedlich künstlerisch gestaltet sind. Beliebtes Restaurant.
€€€

Austrotel Salzburg am Mirabellplatz ➜ I6
Paris-Lodron-Str. 1
5020 Salzburg
✆ (06 62) 881 68 80
www.austrotel.at
Feines Stadthotel in guter Lage mit vernünftigen Preisen. €€–€€€

Elefant ➜ aB2
Sigmund-Haffner-Gasse 4
5020 Salzburg
✆ (06 62) 84 33 97

Sonnenterrasse von Hotel & Villa Auersperg

www.elefant.at
Das Best Western Hotel liegt sehr zentral und wird auf sympathische Weise geführt. Funktionale Ausstattung. €€–€€€

Gmachl ➞ bA1
Dorfstr. 35, 5101 Bergheim
☎ (06 62) 452 12 40
www.gmachl.at
Außerhalb der Stadtgrenze, aber gut eingerichtetes Hotel-Gasthaus mit eigenem See, Sauna, Fitness-Parcours und familiärer Gastlichkeit. €€–€€€

Stein ➞ aB2
Giselakai 3–5, 5020 Salzburg
☎ (06 62) 874 34 60
www.hotelstein.at
Traditionshotel am Salzachufer der Neustadt, mit Traumblick auf die Altstadt, vor allem von der Dachterrasse. €€–€€€

Amadeus ➞ aA2
Linzer Gasse 43–45
5020 Salzburg
☎ (06 62) 87 14 01
www.hotelamadeus.at
Gut organisierter Hotelbetrieb in einem über 600 Jahre alten Bürgerhaus, topsaniert und hübsche Zimmer. €€

Berglandhotel ➞ H7
Rupertgasse 15, 5020 Salzburg
☎ (06 62) 87 23 18
www.berglandhotel.at
Stilvoll eingerichtet, zivile Preise, guter Service. €€

Hotel Hofwirt ➞ H7
Schallmooser Hauptstr. 2
5020 Salzburg
☎ (06 62) 872 17 20
www.hofwirt.net
Gut geführtes Drei-Sterne-Hotel am Rand der Innenstadt. €€

Pensionen

Pension Freisaal ➞ K/L7
Erzabt-Klotz-Str. 19
5020 Salzburg
☎ (06 62) 830 84 90
www.members.aon.at/freisaal
Familienbetrieb außerhalb der Innenstadt, mit Garten und netter Atmosphäre. €

Pension Katrin ➞ L7
Nonntaler Hauptstr. 49 b
5020 Salzburg
☎ (06 62) 830 86 00
www.pensionkatrin.at
Familiengeführte Frühstückspension in Citynähe. € ▪

Essen und Trinken
Restaurants, Kaffeehäuser

Essen und Trinken hält in Österreich bekanntlich tatsächlich Leib und Seele zusammen. Die Salzburger Küche ist herzhaft und nicht selten üppig, Cholesterinbewusste sollten das beachten. Vor allem in den Gasthöfen und urigen Kneipen wird deftig aufgetischt. Zugleich gibt es die leichte Salzburger Küche, oft veredelt durch erlesene regionale und saisonale Produkte, vorwiegend aus dem Salzburger Land. In Salzburg gibt es alle Kategorien an Restaurants, mitunter hat der Gast die Qual der Wahl. Wissen sollte man auch, dass ein angemessenes Trinkgeld für jede Dienstleistung erwartet wird, *Schmattes* ist in Salzburg Pflicht. 1–2 Euro sollten es schon sein, in guten Restaurants noch etwas mehr. Die Aufschrift »Bedienungszuschlag inbegriffen«, die in manchen Lokalen hängt, sollte man nicht allzu ernst nehmen.

Die angegebenen Restaurants sind nach Preisklassen aufgeführt, die Preiskategorien beziehen sich jeweils auf ein Essen ohne Getränk.

€   – bis 10 Euro
€€   – 10 bis 15 Euro
€€€ – über 15 Euro

Restaurants

Brandstätter → E1
Münchner Bundesstr. 69
✆ (06 62) 43 45 35
www.hotel-brandstaetter.com
Tägl. außer So 11.30–24 Uhr, zur Festspielzeit auch So
An den Damen im Businessanzug und den krawattierten Herren sieht man schon, dass es sich um ein Nobellokal handelt. Der familiengeführte Betrieb außerhalb des Zentrums offeriert Feinschmeckerküche, die sich in kreatives Neuland wagt, aber auch Bewährtes raffiniert aufbereitet. €€€

Goldener Hirsch → aB1
Getreidegasse 37
✆ (06 62) 808 40
www.goldenerhirsch.com
Tägl. außer Fr 11.30–14 und ab 17.30 Uhr, Fei geschl.

Festspiel- und High Society (oder was sich dafür hält) verkehrt hier traditionsgemäß und labt sich an Degustationsmenüs. Die Salzburger Nockerln sollen nirgendwo auf der Welt besser zubereitet werden, und das Kaiserschnitzel mit eben diesen Nudeln hat es im Film »Sound of Music« sogar zu Hollywoodehren gebracht. €€€

Ikarus → aB1
Hangar 7
Wilhelm-Spazier-Str. 7 a
✆ (06 62) 21 97 77
www.hangar-7.com
Tägl. 12–14 und 19–22 Uhr
Als Red-Bull-Chef Dietrich Mateschitz dem Spitzenkoch Eckart Witzigmann seinen Glaspalast zeigte, wurden beide schnell handelseinig. Witzigmann als Eigentümer des Restaurants und mit seinem Küchenchef Roland Trettl übernahm am Herd die Regie. Internationale Küche ist angesagt und Spitzenköche aus anderen Ländern werden für einige Zeit verpflichtet, die Homepage liefert die aktuellen Namen. Wer ein Flugzeug besitzt, kann mit diesem bis zum Hangar rollen. €€€

Alt Salzburg → aB1
Bürgerspitalgasse 2
✆ (06 62) 841 47 60

Salzburger-Nockerl, eine typische Salzburger Süßspeise

www.altsalzburg.at
Di–Sa 11.30–14 und 18–22.30 Uhr, zur Festspiel- und in der Adventszeit tägl.
Ein uriges Restaurant am Mönchsberg im historischen Zentrum nahe Pferdeschwemme und Bürgerspital. Koch Johann Kögl gilt als einer der besten in der Mozartstadt. Empfehlenswert sind vor allem die hausgemachte Fischsuppe und das Tafelspitz vom Salzburger Naturrind, auch in punkto Dessert wird gezaubert. €€–€€€

Brüderlein fein ⮕ I6
Linzergasse 39, im Bruderhof
℘ (06 62) 23 02 06
Mo–Fr 11–22, Sa 10–22 Uhr
Österreichische Schmankerl aus den besten Lebensmittel-Manufakturen des Landes. €€–€€€

Carpe Diem ⮕ aB1
Getreidegasse 50
℘ (06 62) 84 88 00
www.carpediemfinestfingerfood.com
Tägl. 8.30–24 Uhr
Trendkulinarik für Trendsetter. Starkoch Jörg Wörther lässt kleine und vielfältige Gerichte in gefüllten Cones servieren, die die Form einer Eistüte haben. Natürlich ist der Inhalt nur vom Allerfeinsten, die Cones werden deshalb auch auf Porzellan zu den Tischen gebracht. Eine ausgefallene Idee im zum Reich des Red-Bull-Königs Dietrich Mateschitz gehörenden Restaurant, aber eben mal etwas anderes. €€–€€€

Esszimmer ⮕ H4
Müllner Hauptstr. 33
℘ (06 62) 87 08 99
www.esszimmer.com
Di–Sa 12–14 und 18.30–21.30 Uhr, in der Festspiel- und Adventszeit auch Mo
Terrakotta-Farbtöne bestimmen das Bild und ein gepflegter Garten trägt zum schönen Ambiente bei. Küchenchef Andreas Kaiblinger lässt aus seiner Schauküche vier Menüs, eines davon vegetarisch, kredenzen. Österreichische Küche, die mit italienischen und französischen Details flirtet. Das Ergebnis kann sich sehen und schmecken lassen. €€–€€€

Gasthaus zu Schloss Hellbrunn ⮕ R9
Fürstenweg 37, im Schloss Heilbrunn
℘ (06 62) 82 56 08
www.taste-gassner.com
Tägl. außer Mo 9–18, Restaurant Atelier (im selben Haus) bis 22 Uhr
Inhaber Josef Gassner fährt zweigleisig. Tagsüber verwöhnt er Lustschloss- und Parkbesucher mit leichten, aber immer feinen

Speisen, abends darf Küchenchef Michael Pratter dann zeigen, was er kann. Und das in einem Ambiente, das immer noch wahrhaft fürstlich ist. €€–€€€

Gasthof Schloss Aigen
→ westl. M10

Schwarzenbergpromenade 37
5026 Salzburg
✆ (06 62) 62 12 84
www.schloss-aigen.at
Mi 18–22, Do–So 12–14 und 18–22 Uhr
Das beliebte Schloss an der Salzburger Stadtgrenze offeriert als Spezialität Pinzgauer Rind im Suppentopf mit Apfelkren, Schnittlauchsauce, gerösteten Erdäpfeln und Gemüse aus heimischer Haltung und heimischem Anbau. Wer Rindfleisch mag, hat bei der »Wiener Melange« eine Mischung von Stücken aus den besten Teilen vom Rind. €€–€€€

Purzelbaum
→ K7

Zugallistr. 7
✆ (06 62) 848 84 33
Di–Sa 12–14 und 18–23, Mo 18–23 Uhr, zur Festspielzeit auch So
Ein Jugendstil-Restaurant mit seltsamem Namen, aber feiner Küche. Im Sommer mit Rosengarten. Feinschmecker schlagen nach Champagnersauce und Jakobsmuscheln keine Purzelbäume, sondern genießen still. €€–€€€

Afro Coffee
→ aB1

Bürgerspitalplatz 5
✆ (06 62) 84 48 88
www.afrocoffee.com
Tägl. außer So 9–24 Uhr, zur Festspielzeit auch So
Bunte Lampen aus Marokko an der Decke, Tierfelle und Kunst aus Afrika an den Wänden vermitteln nicht nur gute Laune, sondern sind teilweise auch käuflich zu erwerben. Gekocht werden selbstverständlich afrikanische Gerichte, zudem gibt es Tee und Kaffee vom schwarzen Kontinent. €€

Die Gersberg Alm
→ bA2

Gersberg 37
✆ (06 62) 64 12 57
www.gersbergalm.at
Tägl. 11.30–24 Uhr
Der Stadtteil Gaisberg ist innerhalb Salzburgs ein beliebtes Ausflugsziel, das war schon vor zwei, drei Jahrhunderten so. Findige Investoren entwickelten das Almgebäude zu einem komfortablen Ort des Speisens. Es gibt gesunde Biokost, aber auch deftige Schmankerl und Fisch aus regionalen Gewässern. Die Idylle ist gratis, sie wäre ohnehin unbezahlbar. €€

Doktorwirt
→ westl. N10

Glaserstr. 9
5026 Salzburg-Aigen
✆ (06 62) 622 97 30
www.doktorwirt.at
Di–Sa 11.30–14 und 19–24, So nur 11.30–14 Uhr
Hier prüft kein Doktor das Speisenangebot, das Restaurant im alten Frieseneggergut in Salzburgs grünem Bezirk hat von dem Arzt, der hier im 17. Jh. wohnte, den Titel übernommen. Das Familienunternehmen kultiviert die regionale Küche; die Keule vom Werfener Milchlamm oder das Bachsaiblingsfilet mit Fenchel sind ausgesprochen schmackhaft. €€

Hirschenwirt
→ G5

St.-Julien-Str. 23
✆ (06 62) 87 25 81
www.zum-hirschenwirt.at
Tägl. außer So 11.30–14 und 17.30–24 Uhr
Alles biologisch, kontrolliert. Die gutbürgerlichen Wirtshausleute sind in Wahrheit gesundheitsorientiert und geben das an ihre Gäste weiter. Nichts in diesem Gasthaus kommt aus der Dose, alles wird frisch vom regionalen Landbau bezogen. Gesunde österreichische Küche, das durchzuhalten erfordert Disziplin und Logistik. Und es geht sogar ohne nach oben verzerrte Preise. €€

Krimpelstätter ⇒ H4
Im Augustiner Braugasthof
Müllner Hauptstr. 31
✆ (06 62) 43 22 74
www.krimpelstaetter.at
Di–Sa 11–24 Uhr, zur Festspielzeit tägl.
Essen wie die Geistlichen in der erzbischöflichen Stadt. Sie vertilgten in diesem Braugasthof von 1548 deftige Gerichte. Salzburger Hausmannskost mit Jahreszeitenknödeln, Ripperln und anderem aus der Pfanne steht hier nach wie vor auf dem Programm. €€

M32 ⇒ aC2
Mönchsberg 32
✆ (06 62) 84 10 00, www.m32.at
Tägl. außer Mo 9–1 Uhr, zur Festspielzeit auch Mo
Ausgefallenes Design hoch über Salzburg im neuen Museum der Moderne. Internationale Küche auf österreichischer Basis, am Abend wird das Niveau noch einmal angehoben. Dann ist der Blick auf die erleuchtete Stadt auch am schönsten. €€

Nabucco ⇒ J5
Neutorstr. 28
✆ (06 62) 84 03 32
www.cucina-nabucco.at
Mo–Fr 12–14 und 18–22.30, Sa 18–22.30 Uhr
Eine Portion Dolce Vita mit original Cucina Italiana. Frischer Fisch und landestypische Spezialitäten, dazu das angeblich beste Tiramisu in Salzburg. €€

Riedenburg ⇒ J4
Neutorstr. 31
✆ (06 62) 83 08 15
www.riedenburg.at
Tägl. außer Mo 12–14 und 18–24 Uhr, zur Festspielzeit auch Mo
Außerhalb des Zentrums, aber der Spaziergang lohnt sich. Küchenchef Richard Brunnauer setzt auf Crossover-Gerichte. Erdäpfelsalat auf Thai-Mango, darauf muss man erst mal kommen. Die Täfe-

lung besteht aus Birnenholz, es gibt einen romantischen Pavillon und auch im Garten wird aufgetafelt. Übrigens: Die Gourmetküche ist zum Mittagessen fast um die Hälfte günstiger. €€

Zum Fidelen Affen ⇒ aA2
Priesterhausgasse 8
✆ (06 62) 87 73 61
www.fideleraffe.at
Tägl. außer So 17–24 Uhr
Das Restaurant in einem historischen Bürgerhaus mit Kreuzgewölbe ist auch der kulinarischen Historie verpflichtet, das aber auf hohem Niveau. Spinatknödel, gefüllt mit Schafskäse, Kaspressknödel mit buntem Blattsalat und Kammkrone in Kräuterkruste machen die einst schwere Salzburger Küche leichter. €€

Bärenwirt ⇒ J5
Müllner Hauptstr. 8
✆ (06 62) 42 24 04
www.baerenwirt-salzburg.at
Tägl. 11–23 Uhr
Noch im Schatten des Mönchsbergs, aber am Ufer der Salzach und mit einer Terrasse am Fluss steht dieses Traditionslokal, in dem schon zu Mozarts Zeit getafelt wurde. Feinschmeckerküche gibt es nicht in den gemütlichen Stuben, aber schmackhafte österreichische Hausmannskost. €–€€

Die Weiße ⇒ H7
Rupertgasse 10
✆ (06 62) 87 22 46
www.dieweisse.at
Tägl. außer So 10.30–24 Uhr
Besucher und Salzburger sind Konkurrenten um die Plätze. Die alte Weißbierbrauerei hat Tische unter Kastanienbäumen, aber auch mehrere Stuben. Zu Hefeweizen oder dunklem Bier vom Fass gibt es Kalorienbomben wie gegrilltes Spanferkel, gekochtes Mastochsenfleisch, gebratene Ripperl, Weißwürste und Fisch aus dem Fuschlsee. Für die Klei-

Das heimelige Café Bazar an der Salzach

nen gibt es Kinderteller und einen Spielplatz. Bei sonnigem Wetter unbedingt reservieren. €–€€

Kuglhof ⇒ K1/2
Kuglhofstr. 13
℘ (06 62) 83 26 26
www.kuglhof.at
Tägl. außer Mo 10–24 Uhr
In diesem Restaurant wird versucht, traditionell kalorienreiche Gerichte der österreichischen Küche durch Verfeinerung leichter zu machen. Koteletts und Schnitzel vom Schwein sind aus Bio-Haltung, Rindfleisch wird gekocht und fleischlose Alternativen wie gebackene Erdäpfel-Bärlauchkrapfen sind tatsächlich eine schmackhafte Wahl. €–€€

✿ Augustiner Bräu ⇒ I4
Lindhofstr. 7
℘ (06 62) 43 12 46
www.augustinerbier.at
Mo–Fr 15–23, Sa/So/Fei ab 14.30 Uhr
Mönche tranken gern Bier, um ihrem spartanischen Alltag etwas Lustvolles abzutrotzen. Das taten sie in dieser einstigen Klosteranlage aus dem 17. Jh. in einem großen Kellergewölbe, das nach der Säkularisierung 1890 zum Wirtshaus umfunktioniert wurde. In der warmen Jahreszeit ist zudem der Biergarten geöffnet. Es herrscht Selbstbedienung: Der Gerstensaft wird beim Ausschank geholt, im Schmankerlgang kann man noch etwas Herzhaftes zum Essen mitnehmen. Das Personal hat aber auch nichts dagegen, wenn Gäste mit Picknickkorb einkehren. €

Humboldt Stubn ⇒ aB1
Gstättengasse 4–6
℘ (06 62) 84 31 71
www.humboldtstubn.at
Tägl. 11–3 Uhr
Alte Rezepte der Salzburger Küche, von jüngeren Leuten neu aufbereitet. Sehr geschmackvolle Hausmannskost zu vernünftigen Preisen. €

Leichtsinn ⇒ F5
Elisabethstr. 1
℘ (06 50) 333 11 43
www.leichtsinn-bistro.at
Mo–Fr 8–18 Uhr
Lokal mit leichten Speisen, beliebt v. a. wegen seiner Frühstücksangebote mit Bio- und Fairtrade-Garantie. Mittags Suppen und Asiatisches, alles auch zum Mitnehmen. €

Shakespeare ⇒ H6
Hubert-Sattler-Gasse 3
℘ (06 62) 773 53 57
Tägl. 9–2 Uhr
Gut und günstig fürs Laufpublikum, viele junge Leute und Einheimische. Die Küche wagt den Spagat zwischen chinesischen Stäbchengerichten und österreichischer Hausmannskost. €

Kaffeehäuser

✿ Café Bazar ⇒ aB2
Schwarzstr. 3
℘ (06 62) 87 42 78
www.cafe-bazar.at
Mo–Sa 7.30–19.30, So 9–18, Juli/Aug. bis 24 Uhr
In diesem heimeligen Café haben schon Hugo von Hofmannsthal, Max Reinhardt und Stefan Zweig Kaffeekreationen und Mehlspeisen zu sich genommen. Die alten Holzvertäfelungen, Lüster und Marmortische mit gusseisernen Füßen haben diese Künstler überlebt. Schön ist der Blick von der hübschen Terrasse am Salzachufer.

Café Fürst → aB2
Alter Markt, Brodgasse 13
☏ (06 62) 84 37 59
www.original-mozartkugel.com
Mo–Sa 8–20, So 9–20, Juni–Aug.
bis 21 Uhr
Das 1884 eröffnete Stammhaus
rühmt sich, dass in ihm im Jahr
1890 die Salzburger Mozartkugel
erfunden wurde. Bei der Pariser
Ausstellung 1905 erhielt Konditor
Paul Fürst dafür die Goldmedaille.
Schön ist im Sommer der Gastgar-
ten; ein weiteres Fürst-Kaffeehaus
befindet sich am Mirabellplatz 5.

Café Sacher → aA1
Schwarzstr. 5–7
☏ (06 62) 889 77, www.sacher.com
Tägl. 7.30–24 Uhr
Seit 1988 der Familie Gürtler ge-
hörend, den Eigentümern des
berühmten Wiener Hotels Sacher,
blickt das Kaffeehaus – zuvor hieß
es »Österreichischer Hof« – auf eine lange Tradition zurück. 1866
wurde es von einem Hotelier eröffnet, schon damals saß man im
Sommer auf der Terrasse am Fluss.
Spezialität ist der »Pharisäer«, ein
Kaffee mit Rum – einst musste der
Alkohol in einer Kaffeetasse ver-
steckt werden, weil der Pfarrer
wetterte, und als er das Geheim-
nis herausfand, nannte er die Gäste Pharisäer.

Café Tomaselli → aB2
Alter Markt 9
☏ (06 62) 844 48 80
www.tomaselli.at
Mo–Sa 7–21, So 8–21, zur Festspielzeit bis 24 Uhr
Ältestes Kaffeehaus Österreichs,
schon Mozart hat es sich dort
schmecken lassen. 1705 gegründet, repräsentiert es seither stilvoll die altösterreichische Kaffee-
haus-Tradition. Es ist allerdings
sehr touristisch. Im Sommer empfiehlt sich der zum Haus gehören-
de, wenige Meter entfernte, 1860
erbaute »Kiosk«, ein Garten mit
Kastanienbäumen.

Café Wernbacher → H6
Franz-Josef-Str. 5
☏ (06 62) 88 10 99
www.cafewernbacher.at
Mo–Sa 9–24, So 9–18 Uhr
Das in den 1930er Jahren eröffnete Kaffeehaus lebt nach wie vor
vom Nostalgiestil seiner Anfangs-
zeit. Nirgendwo soll die Vielfalt
der ausgehängten Zeitungen grö-
ßer sein. Es beherbergte in den
1960er Jahren Salzburgs erste
Diskothek.

Konditorei Schatz → aB2
Getreidegasse 3
☏ (06 62) 84 27 92
www.schatz-konditorei.at
Mo–Fr 9–18.30, Sa 8–17 Uhr
Es gibt nur einige Stehtische beim
Kaffeegenuss, aber die Konditorei ist populär. 1850 gegründet,
verkörperte sie einen Ort himmli-
scher Verführungen, dafür stehen
bis heute Himbeer-Soufflé, Scho-
ko-Mohn-Torte, Kirschröllchen
und Mini-Windgebäck. ■

Das älteste Kaffeehaus Österreichs: Café Tomaselli

Nightlife
Bars, Clubs, Discos, Livemusik, Szenelokale, Kasino

So umtriebig wie in Wien ist Salzburgs nächtliche Szene nicht, aber für eine Stadt dieser Größe und (kulturellen) Ausrichtung gibt es allerhand zu erleben. Es wurde sogar eine eigene Website für nächtliche Erkundigungen eingerichtet: www.salzburg-night.at.

Bars

Bazillus ➜ aB2/3
Imbergstr. 2a
✆ (06 62) 87 16 31
Tägl. 19–4 Uhr
Beliebte Bar, um in den Abend zu starten und das andere Geschlecht in Augenschein zu nehmen.

Café Sezession ➜ aC3
Krotachgasse 3
✆ (06 62) 84 83 65
Tägl. außer So 16–5 Uhr
Der Ort in der Stadt mit der größten Auswahl an Whisky-Sorten.

Flip ➜ aB1
Gstättengasse 17
✆ (06 62) 84 36 43
Tägl. 17–4 Uhr
Nachtwandler aller Generationen nippen Cocktails – an die 80 führt die Karte auf – und beäugen sich.

An warmen Jahrestagen kann auch im Freien geflirtet werden.

Steinterrasse im Hotel Stein ➜ I6
Giselakai 3–5
✆ (06 62) 88 20 70
www.hotelstein.at
Tägl. im Sommer ab 15, im Winter ab 17 Uhr
Bar mit Dachterrasse und großartigem Blick auf die Altstadt am gegenüberliegenden Salzachufer. Das Haus wurde renoviert, hat sich aber sein 1950er-Jahre-Design bewahrt.

Watzmann ➜ I6
Giselakai 17°
✆ (06 64) 854 52 89
www.watzup.at
Mo–Mi 20–4, Do–Sa 20–5 Uhr
Lounge mit tropischem Garten, ein bisschen überkandidelt, aber unterhaltsam.

Bar mit Dachterrasse im Hotel Stein

Discos und Clubs

Cave Club → K4
Leopoldskronstr. 5
℅ (06 62) 84 00 26
www.cave-club.at
Fr/Sa und vor Fei 22–5 Uhr
Techno-Disco, die Musik geht tief in den Körper hinein.

Club Take Five → I5
Gstättengasse 7
℅ (06 64) 432 77 00
www.club-takefive.com
Di/Mi 18–4, Do–Sa 22–5 Uhr
Kürzlich eröffneter niveauvoller Club mit Themenpartys, Aftershow-Partys und einer Mischung aus lokaler Szene mit internationalen Größen.

Half Moon → I5
Gstättengasse 4–6
www.halfmoon.at
Do–Sa 22–5 Uhr
Do Lounge Music für entspanntes Chillen, Fr Disco, Sa House Music. Nach Umbau noch bessere Räumlichkeiten.

Nachtschicht → aB1
Kasernenstr. 7
www.nachtschicht.at
Tägl. ab 20.30 Uhr
Populäre Disco, jeden Mi gibt es eine Stripshow.

Pepe Gonzales → aB2
Steingasse 3, ℅ (06 62) 87 36 62
www.pepe-cocktailbar.at
Di–Sa 19–3 Uhr
Südamerika in Salzburg. Latino-Rhythmen, Di ist Blues-Abend.

republic → aB1
Anton-Neumayr-Platz 2
℅ (06 62) 84 34 48
www.republic.at
So–Do 20–1, Fr/Sa bis 4 Uhr
In fast jedem Monat des Jahres ist eine Nacht dem »Back to the 80's Clubbing« gewidmet. Abgetanzt wird zu den größten Hits der 1980er Jahre. Das ehemalige Stadtkino gehört zu den beliebtesten Event-Locations, hier gehen Partys, Studentenfeste und Clubbing übers Parkett.

Rockhouse → H8
Schallmooser Hauptstr. 46
℅ (06 62) 884 91 40
www.rockhouse.at
Tägl. außer So ab 18 Uhr
Wuchtige Elektronikklänge in einem altehrwürdigen Ambiente. Das hätten sich die Erbauer des Gewölbes vor etwa 400 Jahren nicht träumen lassen. Aber der Ort schützt die Anwohner vor Krach-Offensiven, denn Hardcore und Heavy Metal stehen oft auf dem Programm, aber auch andere Musikrichtungen kommen zum Zuge – bis hin zum Gospel. Auch die Kleinkunst findet hier ihren Platz und es gibt diverse Workshops.

Livemusik

Die Weiße → H7
Rupertgasse 10
℅ (06 62) 872 24 60
www.dieweisse.at
www.salzburgerweissbier.at
Tägl. außer So 10.30–24, Sudwerk 17–4 Uhr
In der Salzburger Lokalszene ist dieses Haus seit mehr als einem Jahrhundert eine feste Institution. Das Weißbier wird heute noch nach dem Rezept des Gründers Adelbert Behr hergestellt, eine feine obergärige Bierspezialität. Neben hellem, naturtrübem Weizenbier in der Bügelverschlussflasche steht auch dunkles Weißbier aus fünf verschiedenen Malzsorten auf der Karte. Die Gaststube mit Original-Kachelofen, die gediegene Zirbenstube und die helle Veranda stehen zur Auswahl, im Sommer der neu angelegte Kastaniengarten. Hinzugekommen ist die Sudwerk Weißbierbar im neuen Sudhaus, mit regelmäßiger Livemusik und Events.

Felsenkeller → aC1

Toscanini-Hof (bei den Mönchsberg-Garagen)
✆ (06 62) 84 31 76
www.felsenkellersalzburg.at
Mo–Fr 15.30–2, Sa 10–2 Uhr
Ein Tipp für Sparfüchse! Vor dem Besuch des urigen Weinlokals direkt im Fels des Mönchsbergs auf Märkten oder in Geschäften Essbares einkaufen, vor Ort Picknick halten und dazu Bier oder Wein ordern. Das ist hier erlaubt, und Mi und Sa gibt es sogar noch Livemusik dazu.

Jazzit → G5

Elisabethstr. 11
✆ (06 62) 88 32 64
www.jazzit.at
Tägl. außer Mo ab 18 Uhr, wechselndes Programm
Die Betreiber bieten Jazz jenseits des Mainstream. Eingeladen werden richtungsweisende Newcomer, der Höhepunkt ist der Salzburger Jazz-Herbst Ende Okt. mit internationalen Jazz-Größen.

Sound of Salzburg Show und Dinner → aB1

Sternbräu Dinner Theater
Griesgasse 23
✆ (06 62) 82 66 17
www.soundofsalzburgshow.com
Eintritt Show € 33/18, Dinner und Show ab € 49/33
Etwas Exotisches und fürs Herz. Die Salzburg Sound of Music Singers in historischen Kostümen tragen Melodien aus dem Film »The Sound of Music« vor. Dazu gibt es echte Salzburger Volksmusik und Tänze, außerdem ertönen Mozartmelodien aus der gefälligen Abteilung – der Meister verfasste stets Auftragsarbeiten, die Operettencharakter hatten.

Szenelokale

Saitensprung → aB2

Steingasse 11

✆ (06 62) 88 13 77
Tägl. 21–4 Uhr
Kreative, Schöne und solche, die eines oder beides zu sein vorgeben, besuchen diesen In-Treffpunkt.

Schwarze Katz → H6

Auerspergstr. 45
✆ (06 62) 87 54 05
Tägl. außer Mo 4–12 Uhr
Traditioneller Treffpunkt aller, die nachts nicht durchschlafen können oder zum Frühstück gern etwas früher auf den Beinen sind.

Kleine Gerichte. Alle Szenen bis hin zu der Gay-Community sind hier vertreten.

Kasino

Casino Salzburg ➡ bA1
Schloss Klessheim
5071 Wals (4 km nördlich von Salzburg, mit dem Auto auf der A 1, dann der Beschilderung folgen; ab Mönchsberglift und Mirabellplatz gibt es 14.30–24 Uhr stündlich einen Gratis-Shuttle)

✆ (06 62) 85 44 55
www.casinos.at
Tägl. ab 12 Uhr, Eintritt nur für Volljährige
In der exklusiven Atmosphäre der prachtvollen Räume dieses alten Barockschlosses, ein von Johann Bernhard Fischer von Erlach 1700–09 erbautes Lustschloss für die Erzbischöfe, ist selbst der Vorgang des Glücksspiels eine stilvolle Angelegenheit. Der Service ist effizient und diskret, für € 23 erhält der Gast Begrüßungsjetons im Wert von € 25. ■

Repräsentativ: der Residenzplatz bei Nacht

Kultur und Unterhaltung
Oper, Konzert, Theater, Kinos, Tickets

Das Klischee ist übermächtig und dauerhaft. Dennoch ist Salzburg nicht nur die Stadt Mozarts. Die Kultur entfaltet sich an der Salzach – mit und jenseits der Musik – in ihrer ganzen Breite und Vielfalt. In der Wochenendausgabe der *Salzburger Nachrichten* werden die Kulturtermine in Sparten angegeben: Theater, Ballett, Konzerte, Literatur, Bildung, Bücherbus, Eröffnungsfest, Kinderprogramm und so weiter. Alles ist in dieser Stadt irgendwie auf Kultur getrimmt, und das steht ihr gut. Und Mozart wird auch gespielt.

Oper, Konzert, Theater

ARGE Kultur ➜ K7
Josef-Preis-Allee 16
✆ (06 62) 848 78 40
www.argekultur.at
Tägl. geöffnet, wechselndes Programm
Den kulturellen Veranstaltungen vor allem der klassischen Musik in der Mozartstadt stellt diese Avantgarde-Institution im Nonntal »moderne Veranstaltungen mit sozialem oder politischem Bezug« gegenüber. Die Kulturstätte versteht sich als Ort der Kommunikation und kontroverser Debatten, aber auch als Schauplatz für Konzerte, Kabarett und Kleinkunst, Lesungen, Feste, Tanz- und Theateraufführungen.

Großes Festspielhaus ➜ aB1
Herbert-von-Karajan-Platz 11
✆ (06 62) 804 55 00
www.salzburgfestival.at
Konzerte, Opern, Schauspiel und die Salzburger Festspiele.

Kleines Theater ➜ H8
Schallmooser Hauptstr. 50
✆ (06 62) 87 21 54
www.kleinestheater.at
Hauptsächlich freie Gruppen und Amateurtheater auf der Bühne. Auch Musicals, Kabarett und Improvisationstheater.

Landestheater und Kammerspiele ➜ aA1
Schwarzstr. 22
✆ (06 62) 871 51 22 22
www.salzburger-landestheater.at
Oper, Schauspiel, Ballett, Musicals und Jugendtheater.

Marionettentheater ➜ aA1
Schwarzstr. 24
✆ (06 62) 87 24 06
www.marionetten.at
Eine Besonderheit keineswegs nur für Kinder. Mit Puppen werden ganze Mozartopern aufgeführt.

Schauspielhaus Salzburg ➜ aC3
Im Petersbrunnhof
Erzabt-Klotz-Str. 22
✆ (06 62) 80 85 85
www.schauspielhaus-salzburg.at
Im ehemaligen Gutshof des ursprünglich mittelalterlichen Stiftes St. Peter untergebracht, bringt das Schauspielhaus pro Spielzeit ca. zehn Produktionen und ein Kinderstück auf die Bühne. Von der Antike bis zur Moderne, von der Tragödie zur Komödie und zu neuen experimentellen Theaterformen.

Toihaus ➜ H5
Franz-Josef-Str. 4
✆ (06 62) 874 43 90
www.toihaus.at
Das Zusammenspiel von Sprache, Mime, Tanz, bildender Kunst, Musik und neuen Medien bestimmt dieses »moderne und risikobereite Theater«. Die Bühnenbilder orientieren sich strikt an aktuellen, auch zeitpolitischen Themen. Zeit-

»Die Zauberflöte – Königin der Nacht« (Salzburger Festspiele)

genössische Werke unbekannter Theaterautoren, aber auch Stücke, die sowohl Erwachsene als auch Kinder interessieren.

Urban-Keller ⇒ H8
Schallmooser Hauptstr. 50
✆ (06 62) 213 45 48
www.jazzclub-life.at
Geöffnet je nach Veranstaltung
Freies Theater, aber auch Jazz und Livemusik-Abende.

Kinos

Cineplexx Salzburg City ⇒ F6
Fanny-von-Lehnert-Str. 4
✆ (06 62) 46 01 01
www.cineplexx.at
In dem modernen Gebäude werden alle neuen Filme aufgeführt.

Das Kino ⇒ aB2
Giselakai 11
✆ (06 62) 87 31 00, www.daskino.at
Traditionskino, die Einrichtung ist angejahrt. Filme in Originalsprache, vor allem Englisch.

Mozart-Kino ⇒ aC3
Kaigasse 33, ✆ (06 62) 84 22 22
www.mozartkino.at
An den Wänden finden sich Reste historischer Römermauern, die Kino-Technik hingegen ist keineswegs antiquiert.

Weitere Kinoinfo unter http://kino.salzburg24.at.

Tickets

Kartenbüro des Festspielhauses ⇒ aB1
Herbert-von-Karajan-Platz
✆ (06 62) 804 55 00
www.salzburgfestival.at

Kartenbüro Neubaur ⇒ westl. F1
Europastr. 1
Europapark Salzburg
✆ (06 62) 84 51 10
www.neubaur.at

Konzert- und Kartenbüro ⇒ aB2
Palais Kuenburg
Siegmund-Haffner-Gasse 16, Stiege 2/III
✆ (06 62) 82 47 05

Polzer Ticketcenter ⇒ aB2
Residenzplatz 3
✆ (06 62) 89 69
www.polzer.at

Salzburg Ticket Service ⇒ aC2
Mozartplatz 5
✆ (06 62) 84 03 10
www.salzburgticket.com

Ticket Shop ⇒ aB2
Getreidegasse 5
✆ (06 62) 84 77 67 ∎

Shopping
Nostalgie, Dekoration, Galerien, Mode, Delikatessen, Märkte

Es ist eine Lust, in Salzburg zu shoppen. Die Stadt ist übersichtlich, alles liegt nahe beieinander und die Ausstattung und Ausstaffierung der meisten Geschäfte ist allein schon sehenswert. Die Öffnungszeiten sind überwiegend 9–19, am Samstag bis 17 Uhr.

Das Angebot ist beträchtlich, vor allem bei Produkten mit lokaler Tradition und aus lokaler Produktion. Nirgendwo in der Welt gibt es eine so vielfältige Trachtenmode, die auch bei jungen Österreichern Kult ist. Auch die Handwerks- und Kunsthandwerksarbeiten sind ihren Preis wert. Ob handgefertigte Lederschuhe und Kleidungsstücke, ausgefallene Möbel und Accessoires, Schmuck oder Sportartikel – die Auswahl ist enorm, die Qualität solide. Besonders beliebt sind kulinarische Souvenirs aus der Region wie Käse, Weine oder Süßigkeiten.

Die bedeutenden Einkaufsreviere liegen alle in der Altstadt und der Neustadt, in der Getreidegasse, am und um die Altstadtplätze, aber auch in den Gassen und Straßen rund um den Mirabellgarten. Kaufhäuser spielen keine große Rolle, wichtiger sind die kleinen und mitunter exklusiven Einzelhandelsläden. Die Einheimischen lieben ihre Traditionsgeschäfte mehr als Shopping Malls, selbst wenn in manchen verwinkelten Laden gerade mal ein Dutzend Personen passen. Doch sie haben Flair, diese kleinen, aber feinen, mitunter schon seit Jahrhunderten angestammten Geschäfte. Sie bieten das Besondere, Ausgefallene, das man eben nur hier bekommt.

Nostalgie-Shopping

Alte f.e. Hofapotheke → aB2
Alter Markt 6
℡ (06 62) 84 36 23

Ob Mozart sich in diesem Laden etwas gegen seinen Kater besorgte, wenn er wieder einmal zu tief ins Glas geschaut hatte, ist nicht bekannt. Aber vorstellbar, denn

»Mozart«-Leckereien

die Apotheke wurde bereits 1591 eröffnet. Das »f.e.« steht für »fürsterzbischöflich« – auch die frommen Herren benötigten Mittel gegen Ischiasbeschwerden, Gicht oder Kopfweh. Die Hofapotheke schmückt sich mit ihrer letzten Einrichtung, einem Rokoko-Interieur aus dem 18. Jahrhundert. Sie ist ein Museum, in dem es moderne Pharmaka gibt. Aber im hauseigenen Labor wird noch Spanischer Kräutertee hergestellt, der schon im Mittelalter gut war gegen alles, was schlecht ist, vom Sodbrennen über Darmbeschwerden bis zu grippalen Infekten.

Kaslöchl → aB2
Hagenauer Platz 2
℡ (06 62) 84 41 00
Mancher Käse hat Löcher, dieses Fachgeschäft ist ein Löchel: 7 m² groß, neben der Glastheke mit den Köstlichkeiten passen nur vier Kunden hinein. 1892 wurde der Mini-Laden eröffnet, mehr als ein Jahrhundert hatten Besucher nur die Wahl zwischen zwei Käsesorten. 1997 kam die Hamburgerin Barbara Soukop und stockte das Angebot auf. Sie ist durch Österreichs Alpen gefahren und hat sich ein Netzwerk erstklassiger bäuerlicher Direktzulieferer aufgebaut.

Kirchtag → aB1
Getreidegasse 22
℡ (06 62) 84 13 10
www.kirchtag.com
Die letzte Salzburger **Schirmmacherei** wurde 1903 gegründet. Die hier gefertigten Regenschirme haben bevorzugt Griffe aus Kastanie, Ahorn, Weißbuche oder Rosenholz, auch aus Messing, Titanium und Sterling-Silber. Kirchtag beschäftigt eine eigene Schneidermeisterin, die Stoffe stammen aus einer norditalienischen Weberei. In vielen Opern zur Festspielzeit werden Schirme

aus diesem Geschäft als Accessoires eingesetzt.

Mora → aB2
Residenzplatz 2
℡ (06 62) 84 36 20
Hier war Georg Trakl Stammkunde. Der melancholische Dichter sah die Fassade des Buchladens und die über 100 Jahre alte Holzverkleidung im Innern genau so, wie wir sie heute sehen. Dem Buch wird als Kulturgut gehuldigt, Bestsellerstapel mit schnellem Verfallsdatum gibt es nicht. Eigentümer Harald Ronacher setzt ausschließlich auf anspruchsvolle Literatur und organisiert Dichterlesungen und Buchpräsentationen, die Höhepunkte des Kulturlebens sind.

Norbert Fürst → aB2
Brodgasse 13
℡ (06 62) 88 43 75 90
www.original-mozartkugel.com
Dass sein Urgroßvater sich die **Mozartkugel** 1890 nicht patentieren ließ, nimmt der Urenkel ihm immer noch ein wenig übel. Die süße Kugel mit dem Kern aus Pistazienmarzipan, umhüllt von feinem Nougat, verkauft sich trotzdem eine Million Mal pro Jahr. Vor Gericht hat der Ladenbesitzer durchgepaukt, dass nur er »Original Mozartkugeln« anbieten darf. Sie sind eines der beliebtesten Souvenirs, die Verpackung zeigt das weiße Perücken-Konterfei des Komponisten.

Scio's Specereyen → J6
Sigmund-Haffner-Gasse16
℡ (06 62) 84 16 38
Eine andere Mozart-Spezialität ist ebenfalls einmalig – und patentiert. Die **Venusbrüstchen** sind nur hier erhältlich. Schon Mozart war den Specereyen sehr zugetan, die es in dem heute von Ludwig Rigaud und seiner Frau Renate geführten exklusiven Geschäft gibt. In Milos Formans Mozart-Film

»Amadeus« spielen die Pralinen aus einer verführerischen Maroni-Nougatmasse in weißer oder dunkler Schokolade eine delikate Rolle. Kassiert wird am Original-Zahltisch aus der Mozart-Zeit.

Sporers Spirituosenhandel ➡ aB1
Getreidegasse 39
☎ (06 62) 84 54 31
Das Geschäft residiert im schmalsten Haus der Fußgängerzone. Seit mehr als 100 Jahren wärmen sich Leute hier ihren Magen. Die Sporers, deren Urgroßvater Franz mit einer Branntweinschenke begann, stellen mehr als 30 hochwertige Spirituosen her: Schnäpse, Liköre, Kräuterbitter und Orangenpunsch. Die Ingredienzen stammen aus dem Bio-Anbau.

Accessoires und Wohn-Dekoration

Gunda Maria Cancola ➡ aB2
Dreifaltigkeitsgasse 3
☎ (06 62) 87 80 88
www.gmcancola.at
Ein mexikanischer Feueropal, der in allen Farben leuchtet – als Ohrhänger. Eine zackenförmige Brosche, gefertigt aus einem Meteoritenstück. Manschettenknöpfe aus Achatkristallen. Die Schmuckstücke der Designerin unterscheiden sich von Standardware, ihre Kreationen haben ihren Preis. Aber dafür gibt es Unikate.

Kainberger Lederwaren und Raritäten ➡ aB2
Goldgasse 7
☎ (06 62) 84 21 21
Der Laden für das Besondere. Ledertaschen ausgefallenster Art, Filzpantoffeln mit Ledersohle, Bilder, Masken, Messingschließen und mehr.

Knopferlmayer ➡ aB2
Rathausplatz 1
☎ (06 62) 84 22 63

Hier werden seit 1758 ununterbrochen Knöpfe verkauft, dazu das gesamte Zubehör rund ums Nähen, Sticken und Stricken. Die Verkäuferinnen sind kompetent und beraten gern. Der Laden hat den Charme der 1950er Jahre, aber die Touristen beäugen ihn wie ein Museum. Japaner kaufen gern Tiroler Knöpfe, Amerikaner Spitze, Deutsche Nadel und Zwirn.

Galerien

Salzburg ist nicht nur eine bedeutende Musikstadt, sondern auch eine der bildenden Kunst. In den letzten Jahrzehnten haben sich eine Reihe weltweit führender Galerien etabliert.

Galerie Fotohof ➡ K7
Erhardplatz 3
☎ (06 62) 84 92 96
www.fotohof.at
Österreichische und internationale Fotokunst.

Galerie Thaddäus Ropac ➡ aA2
Mirabellplatz 2
☎ (06 62) 88 13 93
www.ropac.net
Internationale Kunst auf höchstem Niveau, dazu Werke österreichischer Elitekünstler. Zudem ist der smarte Ropac ein Medienliebling, der in der Festspielzeit gern Hof hält und in dessen weitläufigen Räumen sich dann die einheimische und zugereiste Schickeria mit Champagnerflöten verquirlt. Ropac präsentiert zeitgenössische europäische und nordamerikanische Malerei und Skulpturen in Solo- und Sammelausstellungen.

Künstlerhaus des Salzburger Kunstvereins ➡ J7
Hellbrunner Str. 3
☎ (06 62) 84 22 94 27
www.salzburger-kunstverein.at

Das traditionsreiche, im Jahr 1844 von Fürsterzbischof Friedrich Schwarzenberg und Vertretern des Bürgertums gegründete Haus zeigt moderne Kunst aus aller Welt und dem eigenen Land, außerdem werden Symposien, Vorträge und Diskussionen veranstaltet.

MAM Mario Mauroner → K8
– Residenzplatz 1
– Ignaz-Rieder-Kai 9
℡ (06 62) 84 51 85
www.galerie-mam.com
Spezialisiert auf Werke der Klassischen Moderne.

Mode

August Sperl → aB2
Rathausplatz 1
℡ (06 62) 84 22 89-0
Der Laden für Handschuhe, Ba-demoden und Spitzenwäsche hat viele weibliche Fans. Erstaunlich, wie viele und welche Arten von Handschuhen es gibt, welche Dessous-Vielfalt und wie raffiniert drapierte Badeanzüge und Bikinis Sehnsucht nach Sonne, Strand und Meer wecken können. Seit einiger Zeit verkauft Sperl auch Abendkleider, aber nie von der Stange. Jedes ist anders.

Hemden Babitsch → aA2
Wolf-Dietrich-Str. 15
℡ (06 62) 88 38 52
www.meisterstrasse.at/t.hinteregger
Hier geht's den Männern an den Kragen. Maßhemden und Hemdänderungen sind das Tagesgeschäft, zudem gibt es eine reiche Auswahl an modischen Hemden. Die Maßhemden werden aus hochwertigen Stoffen gefertigt und sitzen wie angegossen.

Trachtenmode

Salzburg ist die Hochburg der alpenländischen Trachten, sie wird in zahlreichen Geschäften in großer Vielfalt angeboten. Eine Einheitsform existiert nicht, es mischen sich verschiedene Stile aus den einzelnen Regionen rund um Salzburg.

Am auffälligsten sind die Dirndl, ein Muss in der österreichischen Damenmode. Das, was daran nicht nur Männern attraktiv erscheint, ist das eng geschnürte Mieder, mal mit, mal ohne separate Bluse, das den Busen zum Blickfang macht. Außerdem gehört ein weiter Rock zum Dirndl, oft auf Taille gearbeitet, und darüber die Schürze. Die Muster von Rock, Mieder und Bluse sind meist nicht einheitlich. Die Ursprungsversion des Dirndls ist schlicht und besteht aus leichter Baumwolle, es gibt aber auch weitere Variationen aus nobleren Stoffen bis hin zum knöcheltiefen Abenddirndl aus kostbarem Brokat. Kellnerinnen, Hoteldamen an der Rezeption, aber auch Privatpersonen tragen Dirndl. Während der Festspiele, zu anderen Festivitäten und an Festtagen holen viele Österreicherinnen ihr Dirndl aus dem Schrank. Dazu wird meist spezieller Trachtenschmuck angelegt, der das Mieder noch mehr betont.

Für Männer gibt es den traditionellen Salzburger Landesanzug, grau und mit grüner Weste. Original gehören dazu Lederhosen, sie werden aber nicht mehr allzu oft angezogen. Typisch für Salzburg ist auch der Lodenmantel, mit Kellerfalte im Rücken und überwiegend grün gehalten, mitunter braun. Als praktisch gelten die Walkjanker, die einigermaßen regenabweisend sind und gern bei durchwachsenem Wetter getragen werden.

Haderer Maßschuhe ➜ aB3
Pfeiffergasse 3
℅ (06 62) 84 14 73
Mi 10–18 Uhr
Dieser Schuster bleibt bei seinem
Leisten. Herbert Haderer geht davon aus, dass jeder Fuß anders ist,
also muss die Schuhumhüllung in-
dividuell angepasst werden. Reit-
stiefel, Wanderschuhe, schmucke
Budapester und zwiegenähte
Schuhe, bei denen Futter, Ober-
leder und Sohle mit einem Faden
vernäht und deshalb länger halt-
bar sind. Und stets hochelegant.

Schliesselberger Lederhaus
➜ aA/B2
Lederergasse 5, ℅ (06 62) 87 31 82
www.lederhaus.at
Die Lage des Geschäfts an der
Salzach war für Lederer einst
entscheidend, sie hatten einen
hohen Wasserbedarf. Auch wegen des Geruchs durften sie sich
nur am Stadtrand ansiedeln. Das
ist längst anders, aber in diesem
Geschäft wurde bereits 1422 Leder gegerbt und verarbeitet. Neben Gürteln aller Art (über 3000
verschiedene) werden Trachten-
Handtaschen, Lederwaren, Rei-
segepäck und mehr angeboten.
Der Renner ist der sogenannte
Softgürtel für den Herrn, der sich
auch ausladendsten Wölbungen
eines Männerbauches anpasst.

*Salzburgs Märkte sind auch immer
etwas für den Gaumen*

Delikatessen

Erwin Nagl Kreativ-Konditorei
➜ G4
Ignaz-Harrer-Str. 26
℅ (06 62) 43 18 82
www.kreativkonditorei.com
Der Konditormeister backt Torten, wie andere aus Bastelsteinen
etwas bauen. Bunt, schräg, anders
als das klassische Bäckerhand-
werk. Wer eine Torte bei ihm in
Auftrag gibt, wird in der Sitzecke
beraten. Erwin Nagl hat meterho-
he Bagger-Torten gemacht, die
80 Personen satt machten, aber
auch fragile Kreationen, etwa in
Form einer Geige.

Feinkost Kölbl ➜ aA2
Theatergasse 2
℅ (06 62) 87 24 23
www.feinkost-koelbl.at
Körbe voll frischem Obst und
Gemüse, eine Vitrine mit Wurst-,
Käse- und Antipasti-Angeboten,
ausgesuchte Weine in Regalen. Es
duftet nach Espresso, frischen Säf-
ten und Focaccia frisch vom Grill,
nach mit Olivenöl beträufeltem
und mit Prosciutto, Rucola und
Mozzarella gefülltem Kräuter-
Weißbrot. Der Chef holt die Köstlichkeiten persönlich aus Italien,
kleine Sinfonien für den Gaumen.
Heinrich Kölbl ist ein Experte für
Wein und wohlschmeckende Le-
bensmittel.

Josef Holzermayr ➜ aB2
Alter Markt 7
℅ (06 62) 84 23 65
www.holzermayr.at
Zuckerlrosa sind Fassade, Marki-
se und Ladeninneres, »Seidenzu-
ckerln« die Spezialität des Hauses.
Lange, bunte Gummischlangen,
dazu braune Karamellen, gefüllt
in bauchige Gläser, altmodische
Drehständer voller Glasschütten,
Unmengen an verschiedenen
Bonbons, Schokoladen und Ge-
bäck. Der Laden wurde 1865 eröffnet, schon damals war Süßes

begehrt. Daran hat sich bis heute nichts geändert.

Nagy Honiglebkuchen und Kerzen ➡ aB2
Linzergasse 32
℡ (06 62) 87 47 40
www.nagy.at
In der Auslage von Johann Nagy & Söhne steht groß geschrieben: »Verarbeitung der Bienenprodukte«. Die Wachszieher, aus Ungarn zugewandert, gründeten das Geschäft 1879 im Schatten des Kapuzinerberges. Die Linzergasse war damals eine starke Verkehrsader für Pferdefuhrwerke und Postkutschen in Richtung Linz und Wien. Die Honiglebkuchen sind das ganze Jahr im Angebot und fettfrei. Wanderer decken sich gern mit dem Kraftspender ein, der neben Vitaminen auch Spurenelemente enthält. Beigemischt sind gehackte Nüsse, Früchte und eine geheim gehaltene Gewürzmischung. 42 Sorten der Leckerei sind im Angebot. Dazu ätherische Öle, Wachskerzen und mehr.

Ratzka ➡ aB3
Imbergstr. 45
℡ (06 62) 64 00 24
Dünner, buttriger Teig, dicht belegt mit hocharomatischen Obststückchen. Beim Konditormeister ist alles Handarbeit, mit Liebe gemacht. Auch die Attraktion des Hauses, Kuchen und Torten mit Persipan, einer fruchtigen Masse aus entbitterten Aprikosenkernen, die dem Marzipan ähnlich ist. Die Familie Ratzka bezieht ihre Früchte sogar von eigenen Obstzüchtern, geschmacksintensive Walderdbeeren ebenso wie süße Himbeeren. Der österreichische Gault Millau zeichnete den Familienbetrieb als landesbesten aus, Feinschmecker Wolfram Siebeck nannte Patriarch Herwig Ratzka gar den »Kaiser der Konditoren«.

Bäuerin auf dem Schrannenmarkt

Märkte

Blumen und Pflanzen, Obst und Gemüse, Fleisch und Käse, Fisch und Meeresfrüchte, und vor Ort zubereitete frische *Backhendl* und heiße *Würstel*, Öl und Honig. Alles saisongerecht, alles aus der Region, von Produzenten aus dem Umland. Salzburgs Märkte sind nicht nur etwas für den Gaumen, sondern auch fürs Auge, das sich gern an Schönem aus der Natur satt sieht.

Der wohl populärste ist der **Schrannenmarkt** ➡ aA2 (Do 5–13 Uhr) rund um die Andräkirche. Ebenso beachtlich sind der **Bio-Bauernmarkt** ➡ O10 als feste Einrichtung im Shopping Center Süd, Alpenstr. 107 (Mi 8–12 Uhr) und die **Bio-Bauernmärkte der EVI** (Erzeuger-Verbraucher-Initiative) am **Mirabellplatz** ➡ aA1/2 (Do 8–12.30 Uhr) und am **Papageno-Platz** ➡ aB/C3 (Fr 8–13 Uhr). Das Kontrastprogramm zum Schrannenmarkt ist gleich hinter der Schranne am Ende des Universitätsplatzes der kleine **Grünmarkt** ➡ aB2 mit einigen Holzhütten (Mo–Fr 6–19, Sa 6–13 Uhr). Das Angebot ist erstaunlich und mit Frischegarantie. ■

Mit Kindern in der Stadt
Museen, Theater, Sehenswertes, Badevergnügen

Im **Museum der Moderne** experimentieren kleine Künstler mit unterschiedlichen Materialien und Farben, zudem gibt es »Familiensonntage« mit Workshops für Kinder ab 5 Jahren und in den Ferien spezielle Aktionsprogramme für den Nachwuchs. Das **Spielzeugmuseum** zeigt die schönsten Puppen und Teddys, Blech- und Holzspielzeug sowie Papiertheater aus vergangenen Jahrhunderten. Auch das **Salzburger Barockmuseum** bietet Kinderprogramme, etwa einen im Museum startenden »Fratzenspaziergang« durch Salzburg.

Und bei einem Abstecher zum **Hangar 7** am Airport können Kinder unter der großen Glaskuppel eine einzigartige Sammlung historischer Flugzeuge und Formel-1-Rennwagen bestaunen.

Museen

Museum der Moderne ➡ aC2
Wiener-Philharmoniker-Gasse 9

☎ (06 62) 84 22 20-451
www.museumdermoderne.at
Tägl. außer Mo 10–18, Mi bis 20 Uhr, zur Festspielzeit auch Mo

»Zwergl« im Zwerglgarten von Schloss Mirabell

Die größte Eishöhle unseres Planeten: die Eisriesenwelt bei Werfen

Eintritt € 8/6
Im temporären »Museum für Kinder« können Kinder zu bestimmten Terminen (vor allem in Ferienzeiten) malen, musizieren oder sich anderweitig künstlerisch betätigen. Im »Miniatelier« dürfen die Allerjüngsten (3–5 J.) nach Herzenslust mit Farben pantschen und den Pinsel schwingen. Meist am letzten Sonntag im Monat ist »Familiensonntag« mit Workshops für Kinder ab 5 Jahren. Zu Themen wie »In Bewegung«, »Puppenwerkstatt«, »Von Paukenspielern und Segelschiffen« und »Zu Gast bei Paul Klee«.

Salzburger Barockmuseum → aA2
Mirabellplatz 3
℡ (06 62) 87 74 32
Internetseite und Öffnungszeiten vgl. Vista Points, S. 34 f.
Eintritt € 4,50, bis 14 J. frei
Das Museum bietet auch ein reichhaltiges Ferienprogramm für Kinder mit Basteln, Theaterspiel und Gartenerkundung.

Spielzeugmuseum → aB1
Bürgerspitalgasse 2
℡ (06 62) 62 08 08-300
Internetseite und Öffnungszeiten vgl. Vista Points, S. 35

Eintritt € 4/1,50
Historisches Spielzeug lässt Kinderherzen höher schlagen. Die Zeitreise in die Kindheit ihrer Groß- und Urgroßeltern fasziniert auch die Gameboy-Generation. Zweimal im Monat hat der Museumskasperl seinen viel belachten Auftritt »Seid ihr alle da?«.

Theater

Marionettentheater
Vgl. S. 62.

Puppentheater Sindri → K3
Stiegl's Brauwelt, Bräuhausstr. 9
℡ (06 50) 83 31 93
www.sindri.at
Dieses Puppentheater ist nur auf kindliche Bedürfnisse ausgerichtet.

Sehenswertes für Kinder

Eisriesenwelt → bB2
5450 Werfen
℡ (064 68) 52 48
www.eisriesenwelt.at
Mai–Okt. 9–15.30, Juli/Aug. bis 16.30 Uhr
Eintritt € 8,50/4,50 (4–14 J.), Kombiticket (Höhlenbesuch und Seilbahn) € 19/9,50

Die größte Eishöhle unseres Planeten.

Festung Hohensalzburg ➜ aC2
℡ (06 62) 83 16 45 (Anmeldung und Infos)
www.salzburg-burgen.com
Eintritt € 11/6,30 (6–14 J.), Familienticket € 25,50
In verschiedenen Gruppenführungen für Kinder und Jugendliche begegnen die jungen Besucher Rittern, Freibeutern und Burgpersonal oder dürfen sich selbst als solche verkleiden. Sie können die Spiele ausprobieren, mit denen sich ihre Altersgenossen im Mittelalter die knapp bemessene Freizeit vertrieben und lernen, mit welchen technischen Mitteln einst die beeindruckenden Mauern der Festung erbaut wurden. In den Sommerferien gibt es jeden Do um 14 Uhr ein Kinderprogramm auf und um die Festung. Sollte gerade keine Gruppenführung buchbar sein, können Kinder auf einen speziellen Audio-Guide zurückgreifen, der sie auf informative und unterhaltsame Weise durch die Festung geleitet.

Panoramaschiff »Amadeus« ➜ J5
Anlegesteg unterhalb des Markartstegs am Hanuschplatz
℡ (06 62) 82 58 58
www.salzburghighlights.at
Ende März–Anfang Nov.
Eintritt € 13/7
»Schiff ahoi!« heißt es im Panoramaschiff Amadeus, in dem Kinder als Seebären im schwankenden Gang und wild verkleidete Piraten agieren können. Außergewöhnlicher Blick auf Salzburg.

❺ Park Hellbrunn ➜ R9
www.hellbrunn.at

Stiegenaufgang zur Festung Hohensalzburg

Im Park von Hellbrunn schießen Wasserfontänen aus Geweihen, Sitzen und sogar aus dem Boden – das kühle Nass kommt von allen Seiten. Im weitläufigen Schlosspark mit großer Spielwiese ist ein vergnüglicher Nachmittag möglich.

Stadtforscher unterwegs in Salzburg
Salzburg Information ➧ H5
Auerspergstr. 6, 5020 Salzburg
✆ (06 62) 88 98 70
www.salzburg.info
Das Grab des Ritters in der Peterskirche. Das plätschernde Mühlrad des Almkanals. Die uralte Stiftsbäckerei. Und was hält der Heilige Florian am Florianibrunnen in seiner Hand? Rund zwei Stunden dauert der individuelle Spaziergang, bei dem Kinder mit ihren Eltern 13 originelle Besonderheiten der Altstadt auf unterhaltsame Weise entdecken können. Begleitet werden sie von Amadeus, bekannt aus einer TV-Zeichentrickserie, und seinem Folder mit Stadtplan. Wer die Fragen darauf beantwortet und den Gewinnabschnitt in einer Salzburg Informationsstelle abgibt, kann tolle Salzburg-Preise mitnehmen.

Tiergarten Hellbrunn ➧ S9
www.salzburg-zoo.at
In den Sommermonaten bietet der Zoo ein umfangreiches Kinder-Ferienprogramm mit Spezialführungen und Aktions-Tagen (Anmeldung unter ✆ 06 62-820 17 60), und im August kann man Fr/Sa den Tieren sogar bis 23 Uhr beim Schlafengehen zusehen.

Badevergnügen

Tauern Spa World ➧ westl. bD1
Tauern Spa Platz 1, 5710 Kaprun
✆ (065 47) 204 00
www.tauernspakaprun.com

Mähnenwolf im Tiergarten Hellbrunn

Tägl. 9–22 Uhr
Eintritt 3 Std. Mo–Fr € 18/9, Sa/So/Fei und Ferien € 20/10, Tageskarte € 24/12 bzw. € 26/13, Ermäßigungen für Familien
Auto: von Salzburg über A 10 Richtung Villach, bei Abfahrt Bischofshofen auf B 311 nach Zell am See, dort Richtung Mittelsill, nach 4 km im Kreisverkehr Richtung Kaprun, dann ausgeschildert Bahn (ÖBB): nach Zell am See, von dort Bus nach Kaprun (jede halbe Stunde, Fahrtzeit 10 Min.)
Neue Wellnesstherme mit verschiedenen Indoor- und Outdoorbecken, Strömungskanal, Relaxpool, insgesamt 1600 m² Wasserfläche. Großzügiger Saunabereich, weitläufige Ruhezonen, Kinderbereich und -betreuung.

Watzmann Therme ➧ bB1
Bergwerkstr. 54
83471 Berchtesgaden
✆ (086 52) 946 40
www.watzmann-therme.de
So–Do 10–22, Fr/Sa bis 24 Uhr
Eintritt 2 Std. € 10,50, Kinder € 5,90 (6–15 J.) bzw. € 2,50 (2–5 J.), Tageskarte € 15,50/11/4,50
Ist der Schnürlregen allzu lästig, lohnt sich der Besuch in der Watzmann Therme im nahen Berchtesgaden. Mit der Salzburg-Card bekommt man 10 % Ermäßigung. Mit 80-m-Rutsche, Sport-, Spaß- und Erlebnisbecken innen und außen (Wassertemperatur 32 Grad) sowie Saunalandschaft und Kleinkinderbereich. ■

Erholung und Sport
Stille, Wandern, Radfahren, Golfen, Baden

Salzburg liegt inmitten einer wald- und bergreichen Umgebung und bietet allein schon deshalb allerhand Möglichkeiten, sich zu bewegen und Sport zu treiben. Zudem hat die Stadt über die gesamte Fläche verteilt zahlreiche Parks wie grüne Oasen, die zur Erholung und zum Verweilen einladen. Sie verfügt aber auch über Wellness-Angebote und andere Wohlfühl-Offerten.

Stille und Entspannung

1 Mirabellgarten ➜ aA1
Makartplatz, Mirabellplatz
www.schloss-mirabell.at
Eine stille Oase mitten in der Stadt mit Skulpturen, Pflanzen und Blumen. Der Mirabellgarten beeindruckt mit Terrassen, Springbrunnen und allegorienreichen Figurengruppen. Eine Fontäne, ein Irrgarten und das Große und Kleine Parterre laden zur Besinnung ein. Ein Unikum ist der Zwerglgarten (1715). Erzbischof Franz Anton Harrach ließ 28 koboldhafte Zwergfiguren aus Untersberger Marmor aufstellen.

Meditationszentrum Salzburg
➜ bA2
Linzer Bundesstr. 90
Bus 4, 130, 131, 140,141 nach Langwied
☏ (06 50) 693 66 29
www.wds-online.eu
Schönes Wellness-Zentrum mit Meditations-Seminaren, Schwerpunkt Tao-Massage mit Tiefenentspannung. Alle Veranstaltungen werden kostenlos angeboten.

Wellnessoase Sporrer ➜ E5
Andreas-Hofer-Str. 21
☏ (06 62)45 95 98
www.wellnessoase-sporrer.at
Massage Mo–Fr 8–20 Uhr
Sauna Mo–Fr 12–22, Sa 10.30–21, Mai–Sept. nur Di–Fr 14–22, Sa 10.30–19 Uhr, Eintritt € 15
Hallenbad, Sauna, Massagen und anderen Behandlungen.

Wandern und Klettern

Für **Bergwanderer und Bergsteiger** bietet sich der Nationalpark Hohe Tauern an, der sich bis nach Kärnten und Osttirol erstreckt. Mehr als 1000 km Wanderwege sind ausgeschildert, auch spezielle Lehr- und Erlebnispfade, die durch schöne Landschaftsteile mit alpinen Pflanzen über Almen mit Wildblumen und zu kulturellen Orten führen.

Wer länger und ausdauernder wandern will, dem steht der Arnoweg zur Verfügung (www.arnoweg.com). Auf diesem leicht zu begehenden, 800 km langen Weg kann man von Salzburg aus diverse Tagestouren unternehmen. Sie führen zum Untersberg und nach Königssee, nach Saalfelden, in die Pinzgauer Grasberge, zu den **Krimmler Wasserfällen** bis nach Bad Gastein und zu den Lungauer Gras- und Nockbergen. Hochgebirgserfahrung ist nicht erforderlich, aber gutes Schuhwerk und wetterfeste Ausrüstung.

Kletterparcours Müllner Schanze
➜ I/J4/5
Inneres Mülln
☏ (06 62) 80 72 49 01
www.stadt-salzburg.at
Bouldern (seilfreies Klettern in Bodennähe), Wandklettern und Balancieren über Slacklines (straff gespannte Kunststoffbänder). Es gibt zwölf Kletterrouten, Info-Tafeln erläutern die unterschiedlichen Schwierigkeitsgrade.

Radfahren

Ein gut markiertes Gebiet zum **Radfahren** ist das Pinzgauer Saalachtal südwestlich von Salzburg, das sich als Keil nach Bayern hineinschiebt. Als Ausgangspunkt für Touren bietet sich Saalfelden an. Hier beginnt der **Pinzgauer Tauernradweg**, der auf insgesamt 200 km durch die Region führt. Er erfordert moderate Anstrengungen. Wer mit dem Mountainbike größere Herausforderungen sucht, sollte sich auf die Gegend um Leogang und die Kitzbüheler Alpen konzentrieren. Hier geht es bergauf und -ab, unterschiedliche Schwierigkeitsgrade sind zu bewältigen.

Golfen

Golf & Country Club Salzburg
⇒ aA1
Klessheim 21, 5071 Wals
✆ (06 62) 85 08 51
www.golfclub-klessheim.com
Zur A1 Richtung Wien, beim EM-Stadion Ausfahrt Klessheim
Tages-Greenfee € 55, 9-Loch-Greenfee € 38, bis 18-Jährige € 15
Schöne Anlage in Stadtnähe. Benutzung des Outdoor-Swimmingpools auch für Tagesgäste.

Baden

Badesee Liefering ⇒ A1
Schmiedinger Str. 6
Aus unterirdischen Quellen gespeister Natursee am Rand der Stadt mit Liegeflächen und Stegen. Freier Zugang, kein Eintritt.

Freibad Leopoldskron ⇒ L4/5
Leopoldskronstr. 50
✆ (06 62) 82 92 65
www.stadt-salzburg.at
Mai–Sept. tägl, 9–19, Juni–Aug. Frühbaden ab 7 Uhr
Das »Lepi«, eines der größten Freibäder Österreichs, lockt mit 32 000 m² Wasserfläche in mehreren Becken und einer 72 m langen Großrutsche. Optimal für Familien.

Paracelsus Hallenbad und Sauna
⇒ H5
Auerspergstr. 2
✆ (06 62) 88 35 44
www.paracelsusbad.at
Ganzjährig Mo–Fr 10–21, Sa/So/Fei 10–19 Uhr
Eintritt € 4,60/2,30
Familienfreundliches Bad mit mehreren Becken, Sprungturm, Planschbecken, Kletterturm und Angebot an Aqua-Spaß und Aquafitness. ▨

Tosende Wassermassen: die Krimmler Wasserfälle im Nationalpark Hohe Tauern

Daten zur Stadtgeschichte

66000–30000 v. Chr.	Reste steinzeitlicher Höhlensiedlungen weisen auf die Anwesenheit von Menschen in der Altsteinzeit hin.
4000–1900 v. Chr.	Auch in der Jüngeren Steinzeit kommt es zu Besiedlungen und Spuren künstlerischen Schaffens.
2000–1200 v. Chr.	Illyrische Stämme indogermanischen Ursprungs besiedeln die Gegend in der Bronzezeit. Der Kupferbergbau setzt ein.
800 v. Chr.	Die sogenannte Hallstattkultur beginnt, Handel und Salzbergbau blühen auf.
500 v. Chr.	Die Kelten verdrängen die Illyrer und beginnen mit dem Ackerbau in der Jungeisenzeit.
1. Jh. v. Chr.	Im nördlichen Alpenraum entsteht das keltische Königreich Noricum.
15 v. Chr.	Nach der Alpenüberquerung ziehen die Truppen Roms ins keltische Königreich ein und reißen die Macht an sich. Viereinhalb Jahrhunderte wird die Region um Salzburg römische Provinz sein. Die Römer gründen am Fuß des Nonnbergs eine Siedlung, die sie Juvavum nennen – die spätere Stadt Salzburg.
45 n. Chr.	Kaiser Claudius ernennt die 15 000 Einwohner zählende Siedlung zur Hauptstadt der Provinz. Ein weitreichendes Straßennetz entsteht, die Stadt wird Verkehrsknotenpunkt und Handelszentrum.
Um 200 n. Chr.	Im Markomannenkrieg wird Juvavum zerstört, eine Pestepidemie rafft viele Bewohner hinweg. Danach wird die Stadt wieder aufgebaut.
5. Jh.	Den anrennenden Ostgoten können die Römer keinen Widerstand entgegensetzen. Roms Herrschaft geht zu Ende. Vandalen, Alanen und Hunnen fallen ein und richten große Zerstörungen an.

Ansicht von Salzburg auf einem Kupferstich von Georg Braun und Frans Hogenberg (Köln, um 1575)

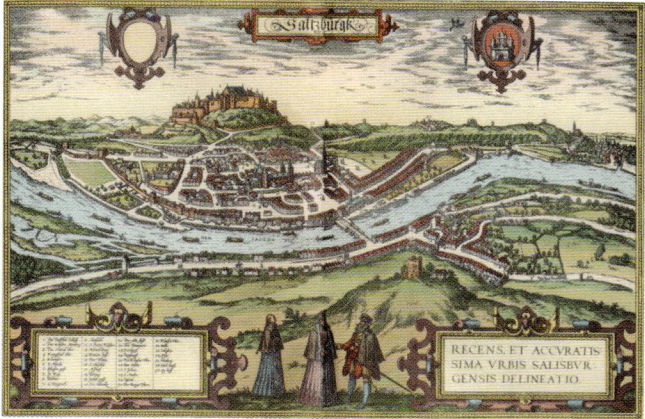

6. Jh.	Während der Zeit der Völkerwanderung, zu Beginn des Jahrhunderts, gelangen vertriebene slawische Völker in die Region und setzen sich fest. In der zweiten Jahrhunderthälfte werden sie von den aus Norden kommenden Baiern zurückgedrängt. Mit ihnen kommt die christliche Religion ins Salzburger Land.
680	Bischof Rupert von Worms bekehrt Bayernherzog Theodor in Regensburg zum christlichen Glauben und erhält von diesem das Gebiet um Salzburg als Geschenk.
696	Rupert, später heiliggesprochen, lässt auf dem Nonnberg in Salzburg ein Kloster und eine Kirche erbauen.
739	Der hl. Bonifatius kommt im päpstlichen Auftrag nach Salzburg und macht es zum Sitz einer bayerischen Diözese.
749	Der irische Missionar Virgil wird Bischof der Salzburger Kirche. Er beginnt mit dem Bau des Doms.
755	Salzburg wird erstmals als »Salzpurch« beurkundet. Es entwickelt sich zu einem kulturellen Zentrum des Alpenraums.
774	Die Reliquien des hl. Rupert werden aus dessen Heimatstadt Worms nach Salzburg überführt und der Dom zu Ehren Ruperts geweiht. Durch Schenkungen bayerischer Herzöge erhält die Salzburger Kirche beachtlichen Großgrundbesitz.

Papst Leo III. (Miniatur der Krönung Karls d. Gr., 9. Jh.; oben); Kaiser Otto III. (aus dem Evangeliar Kaiser Ottos III., um 1000; Mitte); Kaiser Friedrich Barbarossa mit seinen Söhnen Heinrich und Friedrich (Miniatur aus der Welfenchronik, 1179; unten)

798	Papst Leo III. ernennt auf Wunsch Karls des Großen Salzburg zum Erzbistum.
860	König Ludwig der Deutsche schenkt den Salzburger Bischöfen Besitzungen in Ungarn, dem Burgenland, der Steiermark, Kärnten und Niederösterreich.
907	In der Schlacht von Pressburg fällt der Salzburger Erzbischof Theotmar, die Erzbischöfe fliehen vor den Ungarn ins Gebirge.
996	Kaiser Otto III. gewährt der Stadt einen täglichen Markt und das Prägen von Münzen nach Regensburger Vorbild.

1077	Im sogenannten Investiturstreit zwischen Papst und Kaiser stellt sich Erzbischof Gebhard auf die Seite von Papst Gregor VII. und lässt zum Schutz der Stadt die Festungsanlage Hohensalzburg errichten.
1167	Kaiser Friedrich Barbarossa verhängt die Reichsacht über Salzburg, die Stadt wird niedergebrannt. Bald darauf beginnt ihr Neuaufbau.
1198	Der 1181 begonnene Bau des Doms wird unter Adalbert III. vollendet, eine Blütezeit der Kunst und des Wohlstands beginnt.

Salzburgs berühmtester Sohn Wolfgang Amadeus Mozart auf einem Gemälde (1819) von Barbara Krafft

1280	Beginn der Ummauerung der Stadt Salzburg.
1348/49	Der Großen Pest fällt ein Drittel der Salzburger Bevölkerung zum Opfer, zum Niedergang tragen auch Fehden des Adels bei.
1489	In der fünfjährigen Regierungszeit des Erzbischofs Friedrich V. von Schaunberg reißt dessen Konkubine die Macht im Erzstift an sich und verteilt die Ämter.
1495	Leonhard von Keutschach sorgt bis 1519 mit eiserner Hand für Ordnung und baut Hohensalzburg zur erzbischöflichen Residenz aus. Er vertreibt die in Salzburg ansässigen Juden und zwingt 1511 die Ratsmitglieder zum Verzicht ihrer im »Großen Ratsbrief« festgehaltenen Rechte. Das absolutistische Zeitalter der Erzbischöfe hat begonnen.
15./16. Jh.	Bauernaufstände und die Luthersche Reformation sorgen für Unruhe. Die Erzbischöfe reagieren mit harter Hand. 1525 belagern Bürger der Stadt drei Monate lang erfolglos die Feste Hohensalzburg.
1587	Wolf Dietrich von Raitenau gelangt an die Macht. In seinen 25 Jahren als Erzbischof baut er Salzburg radikal um, aus der mittelalterlichen wird eine moderne Stadt. Dieser Umbau prägt das Bild Salzburgs bis heute.
1612	Raitenaus Nachfolger Markus Sittikus setzt als Erzbischof die Politik der Prachtentfaltung in der Stadt fort. In seiner Ägide beginnt der Neubau des Doms nach dem Vorbild des Petersdoms in Rom.
1619	Erzbischof Paris Lodron gelingt es durch geschickte Diplomatie, Salzburg aus den Verwüstungen des Dreißigjährigen Krieges herauszuhalten.
1732/33	Die katholischen Würdenträger lassen die Protestanten brutal vertreiben, Kinder und Besitz müssen sie zurücklassen. Insgesamt emigrieren 20 000 Menschen, was zu einer Ausblutung der Salzburger Region führt.
1756	Am 27. Januar wird Wolfgang Amadeus Mozart in der Getreidegasse geboren.
1772	Unter Erzbischof Hieronymus Graf Colloredo wird Salzburg zum Zentrum der Aufklärung.
1803	Graf Colloredo muss vor den napoleonischen Truppen fliehen. Das geistliche Fürstentum wird säkularisiert.

1805	Nach dem Frieden zu Pressburg gelangt Salzburg zu Österreich.
1809	Salzburg wird abwechselnd von französischen und bayerischen Truppen besetzt.
1818	Salzburg erlebt einen verheerenden Stadtbrand.
1850	Salzburg, seit 1816 eine Oberösterreich unterstellte Kreisstadt, wird selbstständiges österreichisches Kronland.
1861	Am 6. April tritt der erste gewählte Landtag zusammen.
1887	Am 3. Februar wird Georg Trakl geboren. Der Lyriker ist einer der bedeutendsten Frühexpressionisten deutscher Sprache.
1908	Herbert von Karajan wird geboren. Er gilt als der glanzvollste europäische Dirigent des 20. Jahrhunderts und hat den Salzburger Festspielen Weltruhm verschafft.
1920	Salzburg wird Bundesland der Republik Österreich. Die Salzburger Festspiele werden gegründet, auf dem Domplatz wird erstmals der »Jedermann« aufgeführt.
1938	Deutsche Truppen marschieren ein, Salzburg ist bis 1945 »Reichsgau«. Die Alliierten fliegen Luftangriffe gegen die Stadt.
1945	Salzburg wird für zehn Jahre US-amerikanische Besatzungszone. Tourismus und Kultur erleben großen Aufschwung.
1956	Die Mozartfestspiele werden eingeführt.
1962	Die Salzburger Universität wird neu gegründet.
1995	Österreich tritt der Europäischen Union (EU) bei.
2006	Die Stadt feiert den 250. Geburtstag ihres größten Sohnes Mozart.
2009	Das Stadtparlament beschließt den Neubau eines der Trapp-Familie gewidmeten Museums.
2010	Im Oktober erhält Salzburg die fünf Meter hohe marmorne Mädchenkopf-Skulptur »Awilda« des internationalen Starkünstlers Jaume Plensa aus Barcelona, die heimatlose, 18 Tonnen schwere Zuwanderin wurde ausschließlich von privaten Spendern der Salzburg Foundation finanziert.
2011	Skandal bei den Salzburger Festspielen: Der Schweizer Globalisierungskritiker Jean Ziegler wird vom Land als Eröffnungsredner erst ein- und dann wieder ausgeladen.
2013	Die Salzburger Stiftung Mozarteum bekommt Mozarts Konzertgeige geschenkt. Sie wird in dessen Geburtshaus öffentlich ausgestellt, soll aber auch bespielt werden. ▪

Salzburger Festspiele: »Jedermann«-Aufführung vor dem Salzburger Dom

Service von A–Z

Salzburg in Zahlen und Fakten

Alter: 739 wird Salzburg zum Bischofssitz ernannt und 755 erstmals als »Salzpurch« beurkundet.

Fläche: 7154 km² (Stadt Salzburg). Außerhalb der Landeshauptstadt dörflich geprägt mit Bewirtschaftung durch bäuerliche Familienbetriebe. Das Land beansprucht den Titel einer »Öko-Region Europas«.

Lage: Am Nordrand der Alpen, im Salzburger Becken. Die Altstadt liegt 420–426 m hoch. Höchster Punkt des Stadtgebietes ist die Gaisbergspitze mit 1288 m.

Einwohner: mit 148 000 Einwohnern viertgrößte Stadt Österreichs (Bundesland Salzburg ca. 530 000 Einw.)

Einwohnerdichte: 2247 Einwohner/ km²

Bevölkerungszusammensetzung: 77 % Österreicher, 8,1 % Einwohner aus Bosnien, Herzegowina, Serbien und Montenegro, 3,9 % aus Deutschland, 2,9 % aus anderen EU-Staaten und 2 % aus der Türkei.

Klima/Temperaturen: Gemäßigt mit eher ozeanischem Einfluss. Durchschnittstemperatur im Januar bei –0,8 °C, im Juli 18,6 °C. Regenreichster Monat ist Juli.

Bildung: Die Paris-Lodron-Universität (1622) ist mit 11 000 Studierenden in Forschung und Lehre die größte Bildungseinrichtung in der Stadt und im Land Salzburg.

Mozart-Büste am Kapuzinerberg

Wirtschaft: Bei Wirtschaft und Verkehr auf Platz zwei hinter Wien. Höchste Anteile am Bruttoinlandsprodukt des Bundeslandes Salzburg haben Dienstleistungsbereich (69,1 %), industrielle Produktion (28,8 %) und Land- und Forstwirtschaft (2,1 %).

Tourismus: Nach Tirol verzeichnet Salzburg die zweithöchste touristische Frequenz in Österreich. Pro Jahr kommen etwa 22 Mio. Touristen nach Salzburg bzw. ins Salzburger Land.

Blick auf Salzburg vom rechten Ufer der Salzach

Anreise

Mit dem Flugzeug
Der **Flughafen Wolfgang Amadeus Mozart** ➜ bA1 (✆ 06 62-858 00, www.salzburg-airport.com) liegt rund 15 km südwestlich von der Innenstadt entfernt. Er wird täglich von Berlin, Bremen, Düsseldorf, Frankfurt, Hamburg, Köln und Nürnberg sowie aus dem internationalen Flugnetz angeflogen, neben Austrian Airlines u. a. auch von Air Berlin und Billiglinien. Mit dem Buslinie 2 oder dem Taxi ist die City schnell erreicht.

Mit dem Zug
Salzburg ist Kreuzungspunkt von Westbahn (Wien–Zürich) und Nord-Süd-Bahn (von München nach Italien und Slowenien). Täglich fährt ein ICE von Wien nach München und umgekehrt mit Halt in Salzburg. Die Fahrzeit von München nach Salzburg beträgt 90 Min. Von Berlin nach Salzburg verkehren fast das ganze Jahr über Autoreisezüge. Zentrale Zugauskunft ✆ 05 17 17 (24 Std. tägl.), www.oebb.at.

Mit dem Auto
Autofahrer erreichen von München aus Salzburg am schnellsten über die A8, über die A1 geht es weiter nach Wien. Allerdings handelt es sich um die meistbefahrene Autoroute von Deutschland nach Österreich und zurück, sodass es gelegentlich zu Staus kommt. Am Knotenpunkt Salzburg ist das Abfahren auf die Tauernautobahn A10 möglich, die Autoreisenden das südliche Salzburger Land erschließt. Wer Staugefahren fürchtet, kann von Rosenheim aus auf der A 93 nach Kufstein fahren und von dort über die Loferer Bundesstraße das westliche Salzburger Land erreichen – die landschaftlich schönere Strecke. Über das kleine deutsche Eck ist man schnell in der Landeshauptstadt Salzburg.

Für die Benutzung der österreichischen Autobahnen ist der Erwerb einer Vignette verbindlich: Man erhält sie beim ADAC, an Tankstellen oder an der Grenze, sie kostet für zehn Tage € 8,30, für zwei Monate € 24,20 und für ein Jahr € 80,60. Auf Autobahnen gilt eine Geschwindigkeitsbegrenzung von 130 km/h, auf Landstraßen sind maximal 80 km/h, in Ortschaften 50 km/h erlaubt. In Österreich besteht Gurtpflicht, auch auf den Rücksitzen. Telefonieren mit einem Mobiltelefon ist nur bei Benutzung einer Freisprecheinrichtung erlaubt, andernfalls droht ein Bußgeld von mindestens € 25. Die Promillegrenze liegt bei 0,5. Beim Aussteigen auf Autobahnen und Landstraßen sind Sicherheitswesten vorgeschrieben.

Im Salzburger Zentrum herrscht Parkplatznot und dichter Verkehr. In den Kurzparkzonen darf der Wagen höchstens 90 Min. abgestellt werden, die Parkscheine erhält man am Trafik (Kiosk) oder an Tankstellen. Autofahrern ist zu raten, den Wagen am besten in einer Hotel- oder Tiefgarage abzustellen und die Stadt zu Fuß zu erkunden. Günstig sind die beiden Altstadtgaragen im Mönchsberg: 4 Std. kosten € 3, 8 Std. € 5, zudem gibt es Parkvergünstigungen in Verbindung mit Einkäufen.

Hilfe: ÖAMTC Pannenhilfe, ✆ 120, www.oeamtc.at; ARBÖ Pannenhilfe, ✆ 123, www.arboe.at

Auskunft

Tourismus Salzburg GmbH ➧ H5
Auerspergstr. 6

A-5020 Salzburg
✆ (06 62) 88 98 70
www.salzburginfo.at
www.salzburg.info/de

Weitere Informations-Büros:

– Mozartplatz 5 ➧ aB2
✆ (06 62) 88 98 73 30
– Hauptbahnhof ➧ G5
Bahnhofsvorplatz
✆ (06 62) 88 98 73 40
– Salzburg-Süd ➧ P10
Park&Ride-Platz
Alpenstraße
✆ (06 62) 88 98 73 60
(Ostern, Mai–Sept.)
– Infoterminal Salzburg-Mitte
➧ F2
Münchner Bundesstr. 1
– Infoterminal Salzburg Flughafen ➧ bA1
Innsbrucker Bundesstraße 95

Salzburg Congress ➧ H5
Auerspergstr. 6
A-5020 Salzburg
✆ (06 62) 88 98 70
www.salzburgcongress.at

Der Salzburg-Aufenthalt wird für Urlauber günstiger mit dem Erwerb der **Salzburg Card** bei der Tourismus Salzburg GmbH, die sie auch online anbietet. Ferner ist die Karte an anderen Informationsstellen und in den meisten Hotels erhältlich. Von Jan. bis April und von Nov. bis Dez. kostet sie für 24 Std. € 23/11,50, für 48 Std. € 31/15,50 und für 72 Std. € 36/18. In der Zeit von Mai bis Okt. kostet sie für 24 Std. € 26/13, für 48 Std. € 35/17,50 und für 72 Std. € 41/20,15.

Die Karte berechtigt zur kostenlosen Benutzung der Nahverkehrsmittel im Stadtbereich, macht Museums-, Konzert- und Theaterbesuche günstiger und ebenso in Anspruch genommene Führungen. Zusätzlich werden Salzburg Card-Packages angeboten: Zwei Hotelübernachtungen plus 48 Std. Salzburg Card ab € 109, drei Übernachtungen plus 72 Std. SalzburgCard ab € 154 (je nach Hotelkategorie).

Wer außerhalb Salzburgs logiert, sich aber viel in der Stadt aufhält, für den lohnt sich die **SalzburgerLand Card**, die freien Eintritt zu fast 200 Sehenswürdigkeiten in Stadt und Land Salzburg ermöglicht. Die 6-Tage-Karte kostet € 59/29,50, die 12-Tageskarte € 69/34,50. Gültigkeitszeitraum: Anfang Mai bis Ende Okt., Familien erhalten ab dem dritten Kind (6–15 J.) einen Gratisbonus. Infos: SalzburgerLand, Postfach 1, A-5300 Hallwang, ✆ (06 62) 66 88-0, Fax 66 88-66, www.salzburgerland.com.

Die Türme des Doms und der Franziskanerkirche

In Deutschland:

Österreich Werbung Deutschland GmbH
Klosterstr. 64
D-10179 Berlin
℡ 00 80 04 00 20 000 (gebührenfrei aus D, A, CH)
www.austria.info

In der Schweiz:

Österreich Werbung
Zweierstr. 146
Postfach
CH-8036 Zürich
℡ (08 42) 10 18 18

Diplomatische Vertretungen

Deutsches Honorarkonsulat
Aribonenstr. 27
5020 Salzburg
℡ (06 62) 432 36 63 00
deutscher.honorarkonsul@schneiders.com
Sprechzeiten Mo, Mi und Fr 9–11 Uhr

Schweizer Konsularagentur
Alpenstr. 85
5033 Salzburg
℡ (06 62) 62 25 30
Sprechzeiten Mo–Fr 8–12 Uhr

Feiertage, Feste, Veranstaltungen

Feiertage:

1. Januar: Neujahr
6. Januar: Dreikönigstag
Ostermontag
1. Mai: Tag der Arbeit
Christi Himmelfahrt
Pfingstmontag
Fronleichnam
15. August: Mariä Himmelfahrt
26. Oktober: Nationalfeiertag
1. November: Allerheiligen
8. Dezember: Mariä Empfängnis
25./26. Dezember: Weihnachten

Feste, Veranstaltungen:

Januar
Großer **Eröffnungsball der Salzburger Faschingsgilde** Anfang Januar. Krönung des neuen Prinzenpaars, Auftritte von Garden, Gilden und Musikgruppen aus dem In- und Ausland (www.salzburgerfaschingsgilde.com).
Trachtenball des Trachtenvereins »D' Enzianer« mit Bergkräutler Tanzlmusik. Almfriedenball des Heimatvereins Almfrieden Salzburg (Ende Jan.).
Theaterball des Landestheaters (www.salzburger-landestheater.at).

Salzburger Engerl vom Hellbrunner Adventzauber

Januar/Februar

Mozartwoche – Damit beginnt der kulturelle Jahreskreis mit Kunst und Kultur von Weltgeltung in Salzburg – Ereignisse im Zwei-Monats-Abstand.

Februar

Ball der **Kärntner Landsmannschaft** mit Tombola, Speckhütte und Mitternachtseinlage. Das gesellschaftliche Großereignis im Winterhalbjahr.

Trachtenball des Trachtenvereins »D' Bergkräutln«

Kinderfasching der Kinderfreunde im Kulturzentrum Vereinshaus Gnigl (Minnesheimstr. 3).

März

Großes **Kinderfest** in den Prunkräumen der ehemals fürsterzbischöflichen Residenz, Anmeldung erforderlich (www.salzburg-burgen at).

April

Osterfestspiele, von Herbert von Karajan begründet. Seit 1967 präsentieren die Berliner Philharmoniker im exquisiten Rahmen des Großen Festspielhauses eine Opernneuproduktion und einige Orchesterkonzerte (www.osterfestspiele-salzburg.at).

Mai

Pfingstfestspiele (www.salzburgerfestspiele.at)

Mai/Juni

Salzburger Dult – das traditionelle Volksfest am Messezentrum mit Publikums- und Verkaufsmesse (www.dult.at).

Juni

Mittelalterfest auf der Festung Hohensalzburg mit Spielmannsleuten, Gauklern, Musikanten, Fechtgruppen und Handwerkern, die vergessene Gewerke vorführen, dazu Schmankerl (www.salzburg-burgen.at).

Juni/Juli

Internationales Cantus MM – Chor- und Orchesterfestival des Chorus MM gemeinnütziger Verein (Fürstallergasse 48/9, www.chorus2000.com).

Juli

Fest zur **Festspieleröffnung** mit volkskulturellen Beiträgen, u.a. Aufführung des Alt-Salzburger Fackeltanzes und Multivision über Salzburger Trachten (www.salzburg-altstadt.at).

Cultours Europe zelebriert das **Cantus Salisburgensis Sommerfestival** – ein internationales Chor- und Orchesterfestival mit Werken von Carl Orff, Leonard Bernstein, Mozart u.a. (www.cultours.at).

Rund drei Wochen lang währt das **Internationale Avantgarde-Festival Sommerszene**, das jedes Jahr unter einem anderen thematischen Schwerpunkt steht. (Infos: Szene Salzburg, republic, Anton-Neumayr-Platz 2, ℂ 84 34 48, www.sommerszene.net).

Juli/August

Salzburger Festspiele – eines der größten und bedeutendsten Festspiele der Welt mit internationalen Künstlern und Publikum (www.salzburgfestival.at).

September

Großer **Kindererlebnistag** mit Spiel, Spaß, Basteln und Abenteuer im Salzburger Freilichtmuseum (www.freilichtmuseum.com).

Oktober

Beim **Festival Magic Mozart Moments** singen Stimmen aus aller Welt zusammen mit dem Salzburger Domchor und Orchester im Dom (www.magicmozartmoments.at).

Oktober/November

Salzburger Jazzherbst – Ein Zehn-Tage-Fest mit mehr als 100 Veranstaltungen (www.viennaentertainment.com).

November/Dezember

Salzburger Adventsingen – Vorweihnacht mit echter Volksmusik.

Adventsmarkt im Schloss und Park Hellbrunn, einer der schönsten seiner Art (www.hellbrunn.at).

Geld, Banken, Kreditkarten

Währungseinheit ist der Euro. Die Banken haben in der Regel Mo–Fr 8–15, Do 8–17.30, manchmal auch bis 17 Uhr geöffnet.

Die herausgebenden Banken verfügen meist über eigene Rufnummern zur **Sperrung von ec-, Maestro- und Kreditkarten**, die Sie in der Regel mit Ihrer Kreditkarte ausgehändigt bekommen. Für die Sperrung von Kreditkarten, ec-Karten, Handys oder Ausweisen steht zusätzlich rund um die Uhr für Deutschland eine zentrale Sperrnummer unter ✆ +49-11 61 16 und +49-30 40 50 40 50 zur Verfügung. American Express-Karten und Reiseschecks können Sie von Österreich aus unter ✆ 0800-23 23 40, Mastercard und Kreditkarten unter ✆ 0800-21 82 35 sperren lassen.

Hinweise für Menschen mit Behinderung

Der Flughafen Salzburg, der Hauptbahnhof, Verkehrsknotenpunkte, Theater, Museen und andere Sehenswürdigkeiten sind barrierefrei gestaltet. Immer mehr Hotels und Restaurants erweisen sich als behindertengeeignet. Salzburg Tourismus hält die Broschüre »Salzburg barrierefrei erleben« bereit. Weitere Info unter www.salzburg.info/de/unterkunft/barrierefreie_hotels.

Internet

www.stadt-salzburg.at – offizielle Homepage der Stadt Salzburg
www.salzburg.com – Internetportal der *Salzburger Nachrichten*
www.tiscover.com – detaillierte Salzburg-Reiseangebote

Auf dem Christkindlmarkt vor dem Dom

www.mozartfestival.at – Infos über das Konzertangebot
www.salzburgfestival.com – offizielle Homepage der Salzburger Festspiele
www.salzburgermonat.at – Veranstaltungskalender für Stadt und Land Salzburg

Notfälle, wichtige Rufnummern

Telefonvorwahl Salzburg ✆ +43-662
Notruf ✆ 112
Ambulanz/Rettung ✆ 144
Polizei ✆ 133
Feuerwehr ✆ 122
Ärztebereitschaftsdienst ✆ 141
Behindertenfahrdienst ✆ (06 62) 81 44-113 30
Bergrettung ✆ 140
Flugauskunft Salzburg Airport ✆ (06 62) 85 80 79 11
Fundamt ✆ (06 62) 80 72 35 80
Pannenhilfe (ÖAMTC) ✆ 120
Sperrung von ec-, Maestro- und Kreditkarten ✆ +49 30 40 50 40 50
Taxi ✆ (06 62) 81 11, (06 64) 910 09 12
Touristinformation ✆ (06 62) 80 72
Wetter ✆ 15 66
Zugauskunft ✆ 05 17 17

Post, Briefmarken

Die Postämter haben Mo–Fr 8–12 und 14–18, Sa 8–10 Uhr geöffnet. Ansichtskarten frankiert man

ebenso wie normale Briefe mit Briefmarken zu € 0,65 (EU).

Postfilialen in der City: Residenzplatz, Hauptstraße, Makartplatz, Schrannengasse, Nonntaler Hauptstraße, Neutorstraße und Südtiroler Platz (im Hauptbahnhof).

Presse

Die Österreicher gehören zu den Europäern mit dem reichhaltigsten Presseangebot der Welt. Alle großen internationalen Tageszeitungen sind zu bekommen. Regional interessant sind die *Salzburger Nachrichten*, eines der Qualitätsblätter des Landes. Überregionalen Zeitungen Österreichs sind der liberale *Standard*, die konservative *Presse* sowie die Publikumszeitungen *Kurier* und *Neue Kronenzeitung*. Das Magazin *Profil* ist das österreichische Pendant zum deutschen *Spiegel*, *News* ist ein People-Magazin mit vielen Tipps vom Einkaufen bis zum Ausgehen.

Sightseeing, Touren

Zu Fuß:

Salzburg Guide Service ➡ aB2
✆ (06 62) 84 04 06
www.salzburg-guide.at
Über diesen Verein sind viele der 300 Salzburger Stadtführer zu buchen. Am Mozartplatz vor der Salzburg Information beginnt tägl. um 12.15 Uhr eine fußläufige Stadtführung in deutscher und englischer Sprache für Individualgäste; Dauer 90 Min. Ebenfalls auf dem Mozartplatz, allerdings vor der Mozart-Statue, ist der Treffpunkt für geführte Themenspaziergänge, die jeden ersten Fr im Monat stattfinden: Jan.–April und Sept.–Dez. jeweils 15, Mai–Aug. 17 Uhr. (Bekanntgabe des Themas

in den Medien und auf der Internetseite. In deutscher Sprache, ca. 2 Std., ab 5 Personen.) Außerdem sind für Gruppen diverse Spezialführungen zu individuellen Terminen buchbar.

Stimmungsvolle **Nachtführungen** finden Mai–Okt. auf der **Festung Hohensalzburg** ➡ aA1 statt, Termine auf Anfrage. Anmeldung und Infos unter ✆ (06 62) 84 24 30 11.

iGuide ➡ aB2
Ausleihe: Tourist-Info Mozartplatz 5
www.salzburg.info
Leihgebühr: bis 2 Std. € 7,50, bis 4 Std. € 9, bis 8 Std. und Abendausleihe € 14
Der Minicomputer im Westentaschenformat, iGuide genannt, führt Besucher in 90 Minuten zu 30 Stationen der Altstadt. Sie befinden sich in akustischer Begleitung von Erzbischof Wolf Dietrich und Mozart, die unterhaltsamen Texte werden von Schauspielern gesprochen.

Im Menuettschritt durch Salzburg ➡ aA1
www.saltomusicale.at
Ab Eingang Mirabellgarten (neben Landestheater), Mindestteilnehmerzahl 25 Personen, Termine und Preise auf Anfrage
Bei der Kostümführung nehmen Mozarts Dienstmagd Tresel und Tanzmeister Spöckner die Besucher mit auf eine Reise durch Salzburg im Jahr 1765. Danach geht es zum »Salzburger Hoffest«. Die Besucher nehmen ein Drei-Gang-Menü nach historischen Rezepten ein. Musiker und Tänzer des Ensembles »Musica et Saltatoria« tragen Tänze aus Renaissance-, Barock- und Mozart-Zeit vor. Musiker spielen in historischen Kostümen auf alten Instrumenten wie Spinett, Gambe, Blockflöte, Traversflöte und Barockgeige.

Per Schiff:

Salzburg Schifffahrt ➡ aB1
✆ (06 62) 82 58 58
www.salzburgschifffahrt.at
Anlegestelle: Hanuschplatz, unterhalb des Übergangs Makartsteg
Beliebt ist die Schiffrundfahrt mit dem Panoramaspeedboot »Amadeus Salzburg«, auf dem bis zu 68 Personen Platz finden. Vom Wasser aus ist die Schönheit der Stadt auf eine andere Art eindrucksvoll. Reservierung ist empfehlenswert. Bei Hoch- und Niedrigwasser oder anderen widrigen Schifffahrtsverhältnissen ist der Betrieb eingeschränkt oder vorübergehend ausgesetzt. Betriebszeiten sind Anfang April bis Ende Okt., die Rundfahrt dauert ca. 40 Min. und kostet € 14/7. Romantisch ist auch die Schiffstour von der Altstadt zum Park Hellbrunn, für die €18/10 fällig werden.

Mit dem Fiaker:

Fiaker Franz Winter ➡ J6
✆ (06 62) 43 58 94
www.fiaker-salzburg.at
Standplatz: Residenzplatz
Fiaker-Fahrten sind nicht preisgünstig, aber eine originelle Art, die Stadt kennenzulernen. Die Kutscher beugen sich während der Fahrt zurück und erläutern Sehenswürdigkeiten. 25 Min. kosten € 40, 50 Min. € 80.

Mit dem Bus:

Salzburg Sightseeing Tours ➡ aA1/2
Mirabellplatz 2
✆ (06 62) 88 16 16
www.salzburg-sightseeingtours.at
Die »Mozart City Tour« findet ganzjährig statt und führt zu architektonischen und kunstgeschichtlichen Sehenswürdigkeiten, mit Aufenthalten in Hellbrunn

und auf der Festung Hohensalzburg (Berg- und Talfahrt inklusive). Die Tour dauert 1 1/2 Std. und beginnt tägl. 9.30, 11 und 14 Uhr am Mirabellplatz. Das Ticket kostet € 25/20. Das Unternehmen bietet darüber hinaus einige Ausflüge in die umliegende Bergwelt sowie die besonders von Amerikanern geliebte »The Sound of Music Tour« an.

Per Fahrrad:

Salzburg besitzt 160 km Radwege und 13 beschilderte Radrouten. Wer etwa von Bergheim die wenigen Kilometer nach Salzburg radelt, erlebt, wie sich plötzlich die Skyline der altehrwürdigen Stadt vor ihm aufbaut. Manche Hotels stellen sogar Leihfahrräder zur Verfügung, für Kinder dazu Helme. Man kann Drahtesel aber auch mieten.

Top Bike Salzburg ➡ aB2
℅ (06 76) 476 72 59
www.topbike.at
Dieses Angebot für Radfahrer startet vom Bahnhof bzw. der Staatsbrücke im Zentrum. Fahrräder und Audio Guides werden gestellt, absolviert werden 25 Stationen, deren Sehenswürdigkeiten erklärt werden. In der Altstadt ist es teilweise notwendig, das Fahrrad wegen dichten Fußgängerverkehrs zu schieben. € 15 pro Tag, der Audio Guide kostet € 5.

Per Seilbahn:

Untersbergbahn
Talstation in Grödig/St. Leonhard
Bus 25, 35
℅ (062 46) 72 47 70
www.untersbergbahn.at
Wer die imposante Bergwelt rings um Salzburg betrachten will, sollte mit der Untersbergbahn, einer Seilschwebebahn, auf den Untersberg (1853 m) fahren und von dort die herrliche Aussicht genießen. Das ist ganzjährig möglich (außer an sechs Tagen Ende März/Anfang April und von Ende Okt. bis Anfang Dez., wenn regelmäßige Wartungsarbeiten durchgeführt werden), die Berg- und Talfahrt kostet € 21/10,50, bezahlt wird nur für ein Kind, alle weiteren sind frei.

Per Auto:

Via Culinaria – so schmeckt das Salzburger Land
Salzburger Land Tourismus
℅ (06 62) 66 88 75

Fiaker-Fahrten sind eine originelle Art, Salzburg kennenzulernen

www.salzburgerland.com
Die Via Culinaria mit ihren sieben Genusstouren bereichert das kulinarische Angebot Salzburgs und verspricht einen flächendeckenden Genuss. Denn nicht nur in der Stadt Salzburg, auch im Land gibt es eine große Dichte an Haubenrestaurants, Almen, Bio-Bauernhöfen und Lebensmittelproduzenten. Eine Broschüre, die unter www.via-culinaria.com kostenlos angefordert werden kann, führt zum Beispiel auf den »Genussweg für Fischfans« oder den »Genussweg für Käsefreaks« oder – und da sind nicht nur Kinder die Zielgruppe – den »Genussweg für Naschkatzen«. Auch »Fleischtiger«, Bier- und Schnapsverkoster, Nobelrestaurant-Liebhaber (»Genussweg für Feinspitze«) und Skihütten-Besucher (»Gourmet im Schnee«) kommen auf ihre Kosten. Alle Wege führen kreuz und quer durch Stadt und Land Salzburg. Im Angebot ist eine City-Tour in Salzburg (2 Std.) und ein Via-Culinaria-Genuss-Package mit 3 Tagen Hotelunterkunft in Salzburg (um € 330). Man kann sich aber auch seine eigenen Routen erschließen.

Sprachhilfen

»Ich ersuche Sie«, sagt der Polizist, wenn der Verkehrssünder nicht gleich einsichtig ist. »Setzen wir uns nieder«, heißt es im Kaffeehaus ebenso wie in der Behördenstube. »Frau Figlmüller ist heute unter Verschluss, da kann ich Sie nicht durchstellen«, erklärt die Sekretärin den stressgeplagten Tag der Chefin, deren *Klappe* (Durchwahl) sie nicht preisgeben will. Das Österreichische ist ein Sonderfall des Deutschen, somit auch das Salzburgerische.

Mancher Erstbesucher wähnt sich im sprachfremden Ausland, dabei sind die Salzburger auch beim Sprechen einfach nur ein wenig barock, *Jessasmaria!* Man geht *gradaus*, redet *üba die Leut* und freut sich, *wenn es passt*. Das kommt meistens drollig daher, nur vor Kaffeehauskellnern ist zu warnen. Die fühlen sich provoziert, will man tatsächlich einen Latte Macchiato ordern. In Salzburg gibt es nur Milchkaffee. Auch Sahne ist nicht vorrätig, es heißt *Schlagobers*.

Das Schönste in einem Kaffeehaus ist das Zuhören. »Jaa, der Heea Doktor Ludowitzky, meine Verehrung«, wird da begrüßt. Und nach dem werten Wohlbefinden gefragt. »Bländend, könnt gar net besser sein«, lautet die Antwort. Danach beginnt man ein bisserl zu plauschen, bis der nächste Bekannte eintrifft. »Jaaa, habe die Ehre ...« Dazu nimmt man *a Kafetscherl* und *a Sachertortn*.

Lang zieht sich die Sprache der Salzburger, bandwurmartig, und so gemütlich wie die Salzburger Lebensart. Wichtigstes Motto: *Nua ned hudln!* »Geh, heerst, des is doch das letzte ... «, wenn der *Piefke* (alle Deutschen außer den Bayern, die sind »Mexikaner« von *mag sie kaaner*) dem Ober winkt oder mit Terminen drängelt. Nicht einmal im Geschäftsleben werden in Salzburg *Kristalllamp'n von der Deck'n geschossen*.

»Danke – bitte«, lautet eine der häufig zu hörenden Wendungen. Man bedankt sich für etwas, klärt aber im selben Atemzug, dass man solches von einem dienstbaren Geist schon erwarten kann. »Das möchd scho sei!« »Was waaß denn ich«, wird ausgewichen, wenn die Antwort nicht klar ausfallen kann oder soll. »Des interessiert doch mich ned«, wird nachgebessert. »Geh heerst, gib a Ruah«, wird der Schlussstrich gezogen. Und wenn dann immer noch verbaler Widerstand kommt, bleibt nur noch der Schmäh: »No, da heert sich doch alles auf. Da siehst, diese Ausländer, allweil hudln, allweil bressiern, aber dann wundern, wenn's ned old werd'n, geh, heerst!« Mitunter wird auch eine sprachliche Attacke geritten: »Schau ned so bled!« Selbst das klingt noch lieblich.

Der Salzburger Sprachfluss schmiegt sich ins Ohr, nur manchmal kommt er etwas *grätzig* daher. In Österreich wird eben nicht nur Deutsch gesprochen. Von jeher hat hier Heimrecht, was die Fremden über Jahrhunderte hinweg mitbrachten. Bayern werden sich als einzige Deutsche in der Stadt von Anfang an zu Hause fühlen.

Darum gilt es genau zuzuhören, bis man verstanden hat, dass ein *Beisl* nichts anderes ist als ein uriges Gasthaus, in dem man sein *Laberl*, ein Gericht aus schwer definierbaren Fleischteilen, verzehrt, aber auch Gemüsesorten wie *Paradeiser* (Tomaten), frische *Erdäpp'l* (Kartoffeln) oder *Karfiol* (Blumenkohl) zu sich nimmt, mit einem Viertele Wein und einem *Jackerl* (Scherzform von Cognackerl) nachspült.

Dass man am Würstelstand *a Eitrige mit an Siaßn und an Bugl* bestellen muss, wenn man Lust hat auf eine herzhafte Burenwurst mit süßem Senf und einer Brotkante. Dass *Dudl'n* Österreichs Variante des Jodelns darstellt, *Remasuri* schlicht Durcheinander heißt, *Umurken* der unsympathische Zeitgenosse ist, zu dem man im Ernstfall schon mal sagen muss: »Zisch o!« (Hau ab!)

Aber rüde sein, das ist nicht das Element der Bewohner der Mozartstadt. Lieber kommt er den anderen mit Schmäh, also mit einer Mischung aus Unwahrheit, Halblüge, Trick und auch Charme. In Wahrheit ist der Salzburger harmoniebedürftig und will mit allen auskommen, jeder Zweite lebt direkt oder indirekt vom Fremdenverkehr.

Der *Adabei* ist ein Wichtigtuer, der *Dodl* ein Trottel und der *Haberer* ein Freund. Tagsüber geht der Salzburger *hackln* (arbeiten), zwischendurch ins *Häusl* (Toilette), und wenn es im Büro *hudriwudri* (wirr, durcheinander) zugeht, genehmigt er sich ein *Kracherl* (Limonade), ein *Krügerl* (halber Liter Bier) oder nur ein *Seidl* (0,3 Liter Bier) und pafft dazu eine *Tschick* (Zigarette), um nicht *schiach* (hässlich) zu werden.

Gibt es am Monatsende *Marie* (Lohn), ist der Salzburger nicht mehr *miaslsüchtig* (zu schlechter Laune neigend), sondern *wiff* (lebhaft, lebendig). Dann steht die *Pappn* (Mund) kaum noch still, es kommen *Spompernadln* (verrückte Ideen) auf, und mitunter neigt der Salzburger dann zum *umlankln* (müßig herumgehen).

Er ist eben einfach gemütlich. Und hat er doch einmal Stress, treten sofort drei Standardformeln in Kraft: »Dös hamma allaweil so g'macht«, »Dös hamma no nia so g'macht« und »Da kennat jo

a jeda kumma«. Das ist seit Jahrhunderten sein Bollwerk gegen Tempomacher, Antitraditionalisten und andere Engstirnige, die immer nur in die Zukunft starren und nicht zurück in die Geschichte. »Nua ned hudln.«

Telefonieren

Gespräche innerhalb Österreichs sind nach zwei Zonen gestaffelt (bis 50 km und darüber) und kosten 8–24 Cent pro Min. Ab 18 Uhr und am Wochenende wird ermäßigt telefoniert. Telefonkarten gibt es an Kiosken und bei der Post.

Vorwahlen:
Österreich ✆ +43 (Ortsvorwahl ohne 0)
Vom Ausland nach Salzburg ✆ +43-662
Deutschland ✆ +49
Schweiz ✆ +41 (Ortsvorwahl ohne 0)

Telefonauskunft:
✆ 1611 (Inland)
✆ 1612 (Deutschland)
✆ 1613 (Europa)
✆ 1614 (Übersee)
Kostengünstige Auskunft
✆ +43 66 21 18 11

Verkehrsmittel

Salzburg besitzt ein ausgezeichnetes Nahverkehrsnetz. Die innerstädtischen **Trolleybus-Linien** gehen von Rathaus, Hanuschplatz und Theatergasse in alle Richtungen. In die Vororte und ins Umland gibt es S-Bahn-Verbindungen, die sogenannte **Salzburger Lokalbahn**. Infos über Fahrtrouten, Ticketarten und Preise unter der Servicenummer ✆ (0800) 66 06 60 oder www.stadtbus.at.

Ein besonderer Service ist das nächtliche **BusTaxi** von 23.30–1.30 Uhr sowie in den Nächten von Freitag auf Samstag, von Samstag auf Sonntag und vor Feiertagen bis 3 Uhr auf fixen Routen ab Hanuschplatz oder Theatergasse zum Preis von € 4,50 pro Person (www.taxi.at). ◼

Das schaut aus wie verwunschen: Christkindlmarkt am Salzburger Domplatz

GO VISTA INFO GUIDES

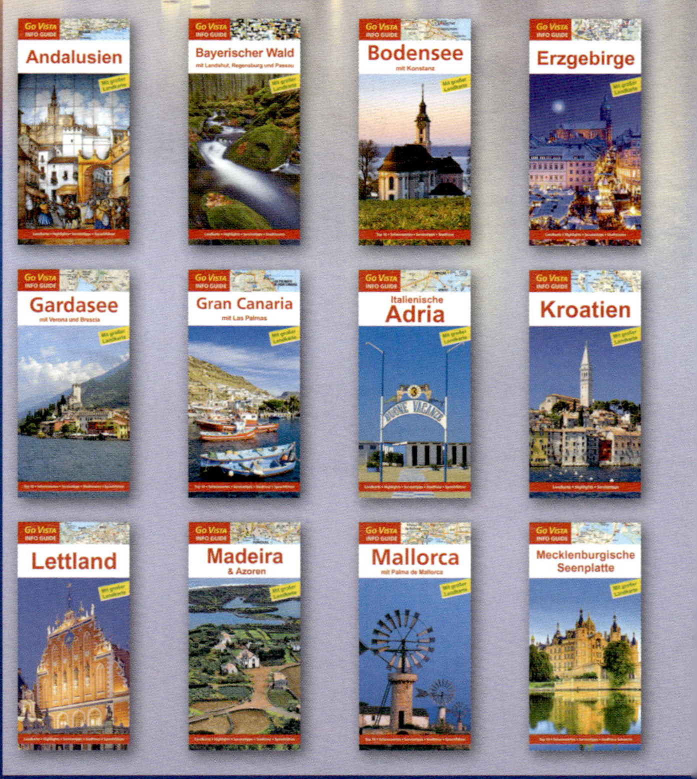

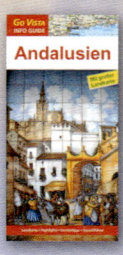

Andalusien

Bayerischer Wald
mit Landshut, Regensburg und Passau

Bodensee
mit Konstanz

Erzgebirge

Gardasee
mit Verona und Brescia

Gran Canaria
mit Las Palmas

Italienische
Adria

Kroatien

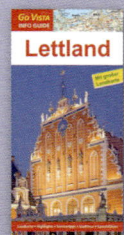

Lettland

Madeira
& Azoren

Mallorca
mit Palma de Mallorca

**Mecklenburgische
Seenplatte**

Jetzt über 100 Titel lieferbar

Alle Go Vista Info Guides haben
96 oder 144 Seiten, 80–130 Farbfotos und eine
ausfaltbare Karte. Format: 10,5 x 21 cm.

Auswahl aktueller Titel

 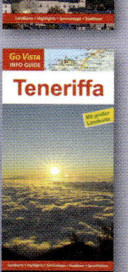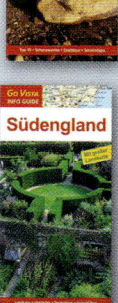

Bildnachweis

Schmutztitel (S. 1): Mozartklänge vor dem Mozart-Denkmal am Mozartplatz
Seite 2/3 (v. l. n. r.): Dom, Mirabellgarten und Festung Hohensalzburg, Schloss Hellbrunn, Tambourkuppel des Doms, Salzburger Festspiele, Fiaker-Fahrt durch Salzburg, Einhörner im Schlosspark Hellbrunn (S. 3 u.)
Seite 6/7: Die Gärten von Schloss Mirabell (S. 6 o. l.), Wasserspiele im Park von Hellbrunn (S. 6 o. r.), Mozarts Geburtshaus in der Getreidegasse Nr. 9 (S. 6 u. l.), Blick auf das Museum der Moderne Mönchsberg (S. 6 u. r.), an der Salzach im Herbst (S. 7)

Konzeption, Layout und Gestaltung dieser Publikation bilden eine Einheit, die eigens für die Buchreihe der **Go Vista City/Info Guides** entwickelt wurde. Sie unterliegt dem Schutz geistigen Eigentums und darf weder kopiert noch nachgeahmt werden.

© Vista Point Verlag GmbH, Birkenstr. 10, D-14469 Potsdam
3., aktualisierte Auflage 2014
Alle Rechte vorbehalten
Verlegerische Leitung: Andreas Schulz
Reihenkonzeption: Vista Point-Team
Bildredaktion: Andrea Herfurth-Schindler
Textredaktion: Kristina Linke
Lektorat: Christiane Mahlberg, 3. Auflage: Christina Richter
Layout und Herstellung: Kerstin Hülsebusch-Pfau
Reproduktionen: Henning Rohm, Köln
Kartographie: Kartengrafik Vogelmann, Mannheim, und Kartographie Huber, München
Druckerei: Colorprint Offset, Unit 1808, 18/F., 8 Commercial Tower, 8 Sun Yip Street, Chai Wan, Hong Kong

ISBN 978-3-86871-344-2

An unsere Leser!
Die Informationen dieses Buches wurden gewissenhaft recherchiert und von der Verlagsredaktion sorgfältig überprüft. Nichtsdestoweniger sind inhaltliche Fehler nicht immer zu vermeiden. Für Ihre Korrekturen und Ergänzungsvorschläge sind wir daher dankbar.

VISTA POINT VERLAG
Birkenstr. 10 · 14469 Potsdam
Telefon: +49 (0)3 31/817 36-400 · Fax: +49 (0)3 31/817 36-444
info@vistapoint.de · www.vistapoint.de · www.facebook.de/vistapoint.de